# NFT 비즈니스, 지금이 타이밍이다

デジタルデータを資産に変える最先端スキル！NFTビジネス見るだけノート
NFT BUSINESS MIRUDAKE NOTE
by MASAFUMI MASUDA

# NFT 비즈니스, 지금이 타이밍이다

**초판 1쇄 발행** 2022년 8월 1일

| | |
|---|---|
| **지은이** | 마스다 마사후미 |
| **옮긴이** | 석주원 |
| **감수** | 이종협 |
| **디자인** | 희림 |
| **펴낸곳** | 디 이니셔티브 |
| **출판신고** | 2019년 6월 3일 제2019-000061호 |
| **주소** | 서울특별시 마포구 토정로 53-13 3층 |
| **팩스** | 050-4207-8954 |
| **메일** | the.initiative63@gmail.com |
| **인스타그램** | 4i.publisher |
| **ISBN** | 979-11-91754-06-3  03320 |

# NFT 비즈니스, 지금이 타이밍이다

마스다 마사후미 지음 · 석주원 옮김 · 이종협 감수

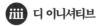 디 이니셔티브

## 추천의 글

NFT로 성공하셨나요? 둘러보면 NFT를 이용한 사업 아이디어는 마르지 않고 소개됩니다. 그만큼 누군가는 NFT에서 기회를 더 열심히 찾아내려고 하기 때문이죠. 반대로 아직 NFT 사업에서 최적의 답을 찾은 사람이 없다는 점에서 묘하게 안도가 되기도 합니다. NFT에 대한 쉬운 소개와 투자 방법을 알려주는 책은 많습니다. 이 책도 같은 곳에서 시작합니다. 하지만 후반부에서는 '사업의 성립' 관점에서 진지하게 짚어보아야 하는 맥락을 발견하실 수 있습니다. NFT에 대해 골똘히 하셨던 고민만큼 의외로 쉽게 페이지가 넘어가지 않는 신기한 경험이 기다리고 있습니다.

— 이종협, 가천대학교 경영대학 교수·파이랩테크놀로지 CTO

블록체인, NFT, 메타버스 등은 요즘 흔하게 들을 수 있는 용어들임에도 IT에 밝은 사람조차 개념은 생각보다 이해하기 어렵습니다. 이 책은 NFT에 관심이 있는 일반인과 NFT 비즈니스를 전개하려고 하는 인재들에게 그림을 통해 쉬우면서도 정확하게 개념을 이해할 수 있게 해주는 매우 실용적인 책입니다.

— 고광현, 더마르스 NFT 사업총괄

# '확실한 NFT 입문서'
# NFT 비즈니스의 세계에 오신 것을 환영합니다!

2021년 전 세계에서 뜨거운 유행어로 떠오른 NFT의 인기는 갈수록 높아지고 있습니다. NFT를 활용한 비즈니스나 서비스에도 다양한 변화가 나타나며 블록체인이나 NFT 관련 시장은 매우 활발하게 움직이고 있습니다. 세계 최대의 NFT 마켓플레이스인 오픈시$^{OpenSea}$의 2022년 1월 거래액이 지금까지 최대 월 거래액으로 기록됐던 34억 달러(2021년 8월)를 월 중순에 넘겨 화제가 되기도 했습니다.

이렇게 큰 인기를 끄는 NFT=Non-Fungible Token(대체불가토큰)이란 도대체 무엇일까요. NFT의 발행과 거래, 보유는 어떤 의미이고 NFT를 활용해 어떤 경제적 가치를 얻을 수 있는지, 이러한 개념들을 명확히 모른 채 뉴스에서 튀어나오는 키워드만 바라보는 분도 많지 않을까요? 저 자신도 NFT 관련 세미나를 하거나 취재에 임할 때 이런 테마를 어떻게 알기 쉽게 설명할지, 어려움을 통감해 왔습니다.

저는 NFT의 여명기인 2017년 말부터 블록체인 게임을 중심으로 자문을 해 오고 있습니다. 원래는 게임과 디지털 콘텐츠를 전문 분야로 하는 변호사로 시작해, 일본의 콘텐츠 산업 분야에서 경험을 쌓아 왔습니다. 이후 비트코인 등 암호화폐 분야가 급성장하자 금융 규제 세계로 뛰어들어 금융청의 상근 전문관으로 블록체인과 관련된 법 개정 프로젝트의 입안을 담당했습니다. 그 당시에는 변호사로서 전문 분야가 늘어났다는 정도로만 생각했지만, 예기치 않게 NFT 붐이 도래하면서 콘텐츠와 블록체인 법무 모두에 정통한 사람이 되어 운 좋게도 여러 가지 자문을 맡게 되고 2021년 10월에는 NFT 분야 스타 저자를 필진으로 한 『NFT의 교과서』 출간의 기획과 편집에 참여했습니다.

유명한 IT 대기업이 잇달아 NFT 시장으로 진출을 표명하고, TV 뉴스와 다양한 프로그램에서 NFT를 특집으로 다루며 그동안 관심이 없었던 분도 NFT라는 말을 보고 들을 기회가 꾸준히 늘어나고 있습니다. 이 책은 지금까지 블록체인이나 가상자산에 친숙하지 않았던 분들도 NFT 비즈니스의 전체 모습을 쉽게 이해하도록, 일러스트와 함께 부담 없이 볼 수 있게 만드는 것을 목표로 하였습니다.

'NFT라는 말이 계속 들리는데 뭔지 잘 모르겠어', 'NFT를 활용한 비즈니스를 하고 싶은데 어떻게 시작해야 할지' 이런 고민을 시원하게 해결해 줄 뿐 아니라 NFT 비즈니스를 하면서 직면하게 되는 법률과 회계의 포인트까지, 알기 쉽게 설명했습니다. NFT 종합 자문가로서 그동안 제 경험을 전부 담은 이 책이 NFT에 대한 이해를 높이고, 일상이나 비즈니스에서 NFT를 받아들이는 데 도움이 되기를 바랍니다.

# CONTENTS

KEY WORD 2차 유통(재판매)

**07 초등학생이 제작한 NFT** · 28
고가로 거래된 NFT의 예 ②

KEY WORD NFT의 예술적 가치

**08 뱅크시의 그림을 불태워서 NFT로?** · 30
고가에 거래된 NFT의 예 ③

KEY WORD 유일성, 거래 가능성, 상호운용성, 프로그래머빌리티

**09 NFT의 4가지 특징** · 32

KEY WORD IP 비즈니스

**10 NFT의 가능성 ①** · 34
전 세계가 주목하는 일본의 IP 비즈니스

KEY WORD 팬 커뮤니케이션

**11 NFT의 가능성 ②** · 36
새로운 비즈니스 기회

KEY WORD 증명, 변화

**12 NFT의 가능성 ③** · 38
아트의 진화

**COLUMN 알아 두어야 할 NFT 비즈니스 용어 ①** · 40

추천의 글 · 5

들어가며 · 6

## CHAPTER 1
### 디지털 데이터를 자산으로!
## NFT 비즈니스의 무한한 가능성

KEY WORD Non-Fungible Token(대체불가토큰)

**01 NFT란 도대체 무엇인가?** · 16

KEY WORD 콘텐츠와 권리의 유통혁명

**02 급격하게 가속되는 NFT 비즈니스 시장** · 18

KEY WORD 컬렉터블, 희소성

**03 NFT를 활용한 거래가 이루어지는 주요 분야** · 20

KEY WORD CryptoKitties

**04 NFT의 시작은 블록체인 게임** · 22

KEY WORD Everydays: The First 5000 Days

**05 디지털 아트에 불을 붙인 NFT** · 24

KEY WORD 메모리얼

**06 SNS 게시물이 수십억 원에 거래?** · 26
고가에 거래된 NFT의 예 ①

# CHAPTER 2
# NFT 비즈니스의 대전제!
# 블록체인의 기초 지식

KEY WORD    거래 이력을 정리한 장부
**01 블록체인이란 도대체 무엇인가?**    · 44

KEY WORD    탈중앙화 시스템
**02 블록체인의 특징 ①**    · 46
관리자인 중앙기관이 없다

KEY WORD    P2P 네트워크, 노드, 분산 시스템
**03 블록체인의 특징 ②**    · 48
분산된 컴퓨터로 운영된다

KEY WORD    블록, 체인, Proof of Work, Proof of Stake
**04 블록체인의 특징 ③**    · 50
변조가 지극히 어렵다

KEY WORD    퍼블릭 체인, 프라이빗 체인, 컨소시엄 체인
**05 블록체인의 3가지 종류**    · 52

KEY WORD    비트코인
**06 가상자산의 대표인 비트코인으로**    · 54
블록체인을 해석하다

KEY WORD    트랜잭션
**07 거래를 의미하는 트랜잭션의 역할과 내용**    · 56

KEY WORD    해시함수
**08 블록체인 기술에 없어서는 안 되는**    · 58
해시함수란?

KEY WORD    지갑, 비밀키
**09 NFT 거래에 필수불가결한 지갑의 구조**    · 60

KEY WORD    지갑 앱, 지갑 어드레스
**10 거래 창구 기능을 하는 지갑 앱**    · 62

KEY WORD    신용, 개인정보
**11 블록체인의 장단점**    · 64

KEY WORD    FT(Fungible Token), NFT(Non-Fungible Token)
**12 NFT와 가상자산의 차이점은 무엇인가?**    · 66

KEY WORD    Mint
**13 NFT를 새롭게 발행하는 행위인 민트란?**    · 68

KEY WORD    스마트 콘트랙트, 이더리움
**14 NFT에 없어서는 안 될**    · 70
스마트 콘트랙트와 이더리움

KEY WORD    범용성
**15 비트코인과 이더리움의 결정적인 차이**    · 72

KEY WORD    가스비
**16 NFT에서 이더리움을 이용할 때의 과제**    · 74

KEY WORD    자체 토큰
**17 NFT 활성화를 위한 블록체인 개발**    · 76

COLUMN 알아 두어야 할 NFT 비즈니스 용어 ②    · 78

**CHAPTER 3**

실전 돌입!

# NFT로 이익을 내는 최단 스텝

KEY WORD  마켓플레이스

**01  NFT는 어디서 살 수 있을까?**  ·82

KEY WORD  투명성

**02  NFT를 견인하는 오픈시와 라리블**  ·84

KEY WORD  신용카드, 열람 권한 기능, 로열티 분배 기능, Gtax

**03  일본의 아트계 NFT 마켓플레이스**  ·86

KEY WORD  블록체인 게임

**04  오픈시에서 살 수 있는 것, 팔리는 것**  ·88

KEY WORD  OpenSea

**05  오픈시에서 NFT 거래의 전체 모습을 이해하다**  ·90

KEY WORD  비트코인, 이더리움, 알트코인

**06  NFT에 사용하는 가상자산이란 무엇인가?**  ·92

KEY WORD  수요, 공급, 총량

**07  가상자산의 가격은 어떻게 정해지나?**  ·94

KEY WORD  거래소

**08  가상자산은 어디서 살 수 있을까?**  ·96

KEY WORD  스프레드

**09  손해 보지 않기 위해 알아 두자!**  ·98
    거래소와 판매소의 차이

KEY WORD  지정가 주문, 시장가 주문

**10  거래소에서 이더리움을 구매할 때**  ·100
    주의해야 할 점

KEY WORD  MetaMask, ERC-20 로큰

**11  메타마스크 설치 절차**  ·102

KEY WORD  분실 위험

**12  메타마스크에 이더리움을 송금하는 방법**  ·104

KEY WORD  탐색, 필터 기능, 검색창

**13  오픈시에서 NFT를 효율적으로 찾는 방법**  ·106

KEY WORD  고정가격 출품, 잉글리시 옥션, 더치 옥션

**14  오픈시에 NFT를 출품하는 순서**  ·108

KEY WORD  엔진코인(ENJ), 테조스(XTZ), 팔레트로큰(PLT)

**15  NFT 관련 종목의 가상자산에 투자하기**  ·110

KEY WORD  해외 거래소

**16  해외 거래소에 계좌를 개설할 때 위험 요소는?**  ·112

**COLUMN** 알아 두어야 할 NFT 비즈니스 용어 ③  ·114

# CHAPTER 4

## 트러블 피하기!
## NFT를 더욱 잘 활용하기 위한 법률과 회계 지식

KEY WORD  NFT화
**01  NFT의 발행(NFT화)이란 무엇인가?** · 118

KEY WORD  아트 NFT, NFT 아트
**02  오해하기 쉬운 아트 NFT와 NFT 아트의 차이점** · 120

KEY WORD  저작권법
**03  저작권이란 무엇인가?** · 122

KEY WORD  이용약관
**04  이용약관에서 본 아트 NFT의 취급** · 124

KEY WORD  소유
**05  아트 NFT를 보유하면 NFT 아트를 소유하게 될까?** · 126

KEY WORD  보유
**06  아트 NFT를 보유하면 NFT 아트 저작권을 보유하게 될까?** · 128

KEY WORD  후원자
**07  아트 NFT를 보유한다는 의미** · 130

KEY WORD  금융 규제
**08  NFT에 관한 금융 규제** · 132

KEY WORD  가상자산
**09  NFT는 가상자산에 해당될까?** · 134

KEY WORD  선불식 지급수단
**10  NFT는 선불식 지급수단에 해당될까?** · 136

KEY WORD  포인트
**11  NFT를 서비스 경품으로 볼 수 있을까?** · 138

KEY WORD  디지털 증권
**12  NFT와 유가증권의 관계** · 140

KEY WORD  도박죄
**13  블록체인 게임으로 특히 문제가 생기기 쉬운 도박죄** · 142

KEY WORD  경품표시법, 부당 표시 규제, 과대 경품 규제, 경품류, 컴플리트 가차
**14  판매할 때 조심해야 할 경품표시법** · 144

KEY WORD  수익 인식 회계 기준, 수익 인식 적용 지침
**15  NFT 토큰 발행자는 판매 시 회계처리를 어떻게 할까?** · 146

KEY WORD  연구개발비, 소프트웨어 개발비, 콘텐츠 제작비, 원가 처리
**16  NFT의 토큰 제작 시 유념해야 할 비용 처리** · 148

KEY WORD  재고자산, 무형고정자산
**17  NFT 토큰 취득자는 회계처리를 어떻게 할까?** · 150

KEY WORD  개인소득세, 법인세, 소비세
**18  NFT의 거래에 관한 세무상의 처리는 어떻게 할까?** · 152

COLUMN 알아 두어야 할 NFT 비즈니스 용어 ④ · 154

# CHAPTER 5

## 음악, 패션, 스포츠…
## 다양한 NFT 비즈니스의 세계

KEY WORD  메타버스, 가상공간
01 NFT×메타버스 ①  · 158
메타버스란 무엇인가

KEY WORD  오픈 메타버스
02 NFT×메타버스 ②  · 160
NFT가 이끌 오픈 메타버스의 시대

KEY WORD  토지
03 NFT×메타버스 ③  · 162
크립토복셀

KEY WORD  컬렉터블 NFT, 커뮤니티
04 NFT×메타버스 ④  · 164
컬렉터블 NFT

KEY WORD  트레이딩 카드, 팬 베이스
05 NFT×스포츠 ①  · 166
팬 베이스에 새로운 가치를 제공

KEY WORD  팬 토큰
06 NFT×스포츠 ②  · 168
칠리즈

KEY WORD  보존, 부가가치, 로열티
07 NFT×트레이딩 카드 ①  · 170
NFT로 생기는 장점

KEY WORD  The Topps Company, Sorare
08 NFT×트레이딩 카드 ②  · 172
전통 업체의 진출과 신흥 업체의 혁신적 서비스

KEY WORD  환경 문제, 희소성
09 NFT×패션 ①  · 174
NFT가 해결하는 패션업계의 문제

KEY WORD  세계관
10 NFT×패션 ②  · 176
아트와의 융합

KEY WORD  아바타
11 NFT×패션 ③  · 178
메타버스에서의 활용

KEY WORD  Collezione Genesi, RTFKT
12 NFT×패션 ④  · 180
현실과의 콜라보

KEY WORD  위조 불가능한 감정서
13 NFT×음악 ①  · 182
구독 서비스의 미래

KEY WORD  경매 판매
14 NFT×음악 ②  · 184
음악 업계의 NFT 현황

KEY WORD  시리얼 넘버가 들어간 NFT
15 NFT×음악 ③  · 186
대표적인 음악 NFT 서비스

KEY WORD  표현의 자유, 소량 단위의 상품 개발
16 NFT×음악 ④  · 188
음악 업계와 NFT의 미래

KEY WORD  NFT 트레이딩 카드 게임
17 NFT×게임 ①  · 190
NFT 게임과 기존 게임의 차이

KEY WORD  My Crypto Heroes, Crypto Spells
18 NFT×게임 ②  · 192
게임을 키워 나가 자산가치를 높게

KEY WORD  경제활동
19 NFT×게임 ③  · 194
메타버스×게임(더 샌드박스)

COLUMN 알아 두어야 할 NFT 비즈니스 용어 ⑤  · 196

## CHAPTER 6
# 격변하는 세상!
# 미래의 NFT 비즈니스 예측도

KEY WORD   DApps
### 01 NFT와 밀접하게 관련된 디앱이란 무엇인가? · 200

KEY WORD   분산형 금융 DeFi
### 02 미래에는 은행의 형태가 바뀔까?　· 202
### 　　디파이라는 혁명

KEY WORD   금융 포용, Play to Earn, Axie Infinity
### 03 NFT는 생활 수단의 하나로　· 204

KEY WORD   5G
### 04 5G가 본격적으로 퍼지면 무슨 일이 일어날까? · 206

KEY WORD   디지털 트윈
### 05 현실 세계와 동일한 가상 세계,　· 208
### 　　디지털 트윈

KEY WORD   주민등록번호 NFT, 분산형 ID, DID
### 06 프라이버시의 개념도 바꾸는　· 210
### 　　NFT의 미래

KEY WORD   상업적 이용권
### 07 출판 비즈니스에 NFT를　· 212
### 　　어떻게 이용할 수 있을까?

COLUMN 알아 두어야 할 NFT 비즈니스 용어 ⑥　· 214

나가며　· 216
INDEX　· 218

※ 이해를 돕기 위해 '역자와 감수자 주'를 덧붙였습니다.

# CHAPTER 1

## 디지털 데이터를 자산으로!
## NFT 비즈니스의
## 무한한 가능성

NFT는 '차세대 디지털 자산'으로 큰 관심을 받고 있습니다.
이 장에서는 전 세계에서 주목받는 NFT의 매력이 무엇인지,
왜 인기가 있는지 알아봅니다.

# 01 NFT란 도대체 무엇인가?

전 세계에서 차세대 디지털 자산으로 NFT가 주목받고 있다. 경매에서 수백억 원으로 낙찰되었다는 뉴스가 대대적으로 보도되고 지명도도 점점 높아지고 있다. NFT란 구체적으로 어떤 것일까?

먼저 NFT라는 단어를 설명해 보면, 「Non-Fungible Token」의 약자로 「대체불가토큰」으로 풀이할 수 있다. 'Non(비)-Fungible(대체성)'은 대체할 것이 없다는 것을 뜻하며, 'Token(토큰)'은 어떤 가치를 지닌 대용화폐나 상환권 등을 말한다. 다시 말해, NFT란 '인터넷상에서 주고받는 유일무이의 가치를 지닌 디지털 자산'을 의미한다. 게다가 NFT의 가치는 「블록체인」 기술로 보증된다(Chapter 2 참조).

디지털 자산이라고 하면 비트코인(BTC)이나 이더리움(ETH)과 같은 '가상자산(암호화폐)'을 떠올리는 사람

## NFT란 무엇인가?

N = Non (비)

F = Fungible (대체성)

T = Token (대용화폐, 상환권)

유일무이의 가치를 가진
디지털 자산

가치를 담보

블록체인 기술

도 많을 것이다. 그러나 이것들은 통화 단위마다 동등한 가치를 지니는 'FT(대체 가능한 디지털 자산)'다. 비트코인을 예로 설명하면, A와 B 각자가 가진 비트코인 1개를 교환했다고 해도 이 둘의 자산가치에는 차이가 나지 않는다.

반면 NFT는 세상에서 하나뿐인 '고유 가치'가 있어서, 이렇게 단순히 교환하는 것이 불가능하다. 같은 야구공이라도 유명 선수의 사인이 들어간 것과 무명 선수가 사인한 공의 가치가 다르듯이 NFT에는 이른바 '단 하나뿐'이라는 특성이 있다는 것을 꼭 기억해 두자.

## NFT의 특성과 활용 사례

**NFT** 고유의 가치가 있으므로 대체 불가능

유명 선수가 사인한 야구공 ≠ 무명 선수가 사인한 야구공

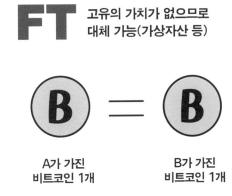

**FT** 고유의 가치가 없으므로 대체 가능(가상자산 등)

A가 가진 비트코인 1개 = B가 가진 비트코인 1개

게임 내 아이템
온라인 티켓
부동산
디지털 아트
트레이딩 카드

'단 하나뿐'이라는 특징을 살려
다양한 분야에서 활용이 기대된다

# 02 급격하게 가속되는 NFT 비즈니스 시장

NFT 비즈니스에 전 세계의 많은 기업이 참가를 표명하며 시장 역시 확대될 조짐이 보인다. 앞으로 성장이 더욱 기대되는 NFT의 시장 규모에 대해 분석함과 동시에, NFT 비즈니스가 급속히 확대된 배경에 대해 해설하고자 한다.

2020년에 약 3천억 원이었던 NFT의 시장 규모는 2021년에 들어 급속하게 커져 상반기에만 약 2조8천억 원에 도달했고, 그 후 7~9월경에는 약 12조 원의 판매액을 기록할 정도로 폭발적인 성장을 보였다. 이렇게 NFT가 시장에서 눈부신 성장을 할 수 있는 분위기가 조성된 요인으로는 다음의 3가지를 들 수 있다.

첫째, NFT에 앞서 비트코인 등의 가상자산이 투자자를 중심으로 세상에 퍼졌다는 점이다. 가상자산은 NFT와 같이 「블록체인」이라 불리는 기술로 이루어진다. 가상자산이 시장에서 높은 보안성이나 투자대

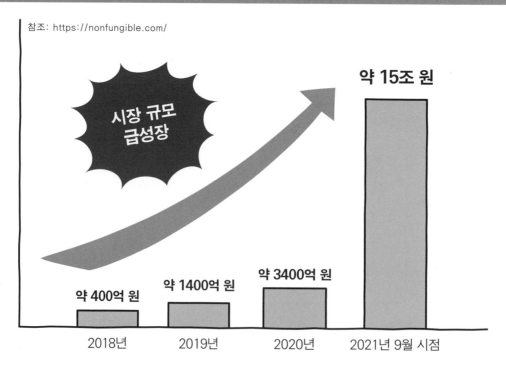

**NFT의 시장 규모 추이**

참조: https://nonfungible.com/

시장 규모 급성장

약 15조 원

약 400억 원

약 1400억 원

약 3400억 원

2018년　　　　2019년　　　　2020년　　　2021년 9월 시점

상으로써 기대를 보여준 덕분에, 의형제라고 할 수 있는 NFT도 시장에서 쉽게 받아들이게 된 것이다.

둘째, 실제로 NFT를 거래하기 위한 마켓플레이스의 정비가 진행되었다. 세계 최대 규모를 자랑하는 오픈시Opensea 외에도, 일본에서는 코인체크Coincheck가 독자적인 NFT 플랫폼인 Coincheck NFT 베타판을 공개했다.

셋째, NBA나 축구 같은 거대 IP(Intellectual Property)콘텐츠나 유명 인사가 참여하면서, 더욱 광범위한 사용자가 NFT를 접하게 되었다. 이러한 요인으로 '콘텐츠나 권리의 유통혁명'이 일어났고, NFT 시장도 단번에 확대됐다.

## NFT가 급성장한 3가지 요인

### ❶ 의형제인 가상자산의 융성

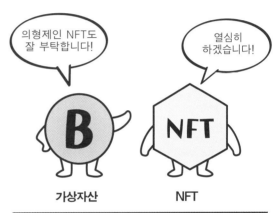

### ❷ 마켓플레이스의 정비

OpenSea
Coincheck NFT(베타판) 등

### ❸ 거대 IP나 유명인의 NFT 참여

스포츠 선수의
트레이딩 카드

유명한 아티스트의
디지털 아트

# 03 NFT를 활용한 거래가 이루어지는 주요 분야

급속하게 시장이 확대되는 NFT는 실제로 어떤 분야에서 활용되고 있는지, 구체적으로 알아보자.

NFT 데이터 분석 사이트인 NonFungible.com에서 공개한 자료에 따르면, 2021년 상반기 NFT 시장에서 가장 많은 거래가 이루어진 곳은「컬렉터블」이라고 불리는 분야였다.

컬렉터블은 우표나 동전, 트레이딩 카드처럼 주로 보유나 수집을 목적으로 거래되는 NFT 군을 말한다. NFT가 가지는 유일성에 '희소성'의 가치까지 더해져 미래의 가격 급등을 기대한 투자가들 사이에 거래가 반복되고 있다. 그중에는 수백억 원으로 거래되는 제품도 나타나 큰 이슈가 되며 NFT 붐 현상이 한층 더 가속화되었다.

## NFT의 인기 분야 Top 5

**컬렉터블** NFT 중에서도 희소성이나 컬렉션 성향이 높은 것
수집가나 투자가에게 인기가 있다

예: CryptoPunks 등

### 「컬렉터블」 분야 NFT의 특징

● 수가 한정되어 있어 희소성이 높다
● 다양한 디자인이 있어서 수집 욕구를 자극한다
● NFT 여명기에 제작된 것들이 많아 역사적 가치가 있다

컬렉터블 다음으로 인기가 높은 것이 「스포츠」 분야다. 축구, 농구 등에서 유명한 선수들을 소재로 한 디지털 카드 게임이 인기이고, 실제 경기의 결정적인 장면을 담은 '모멘트'라고 불리는 쇼트 무비<sup>Short Movie</sup> 가 수억 원의 가격에 거래되기도 한다.

이 외에도, 유명한 화가가 제작한 「아트」 분야나, 게임에서 사용하는 아이템을 NFT화한 「게임」 분야, 가상 세계 메타버스 내의 토지나 건물 등을 NFT화한 「메타버스」 분야 NFT 등도 인기를 끌고 있다.

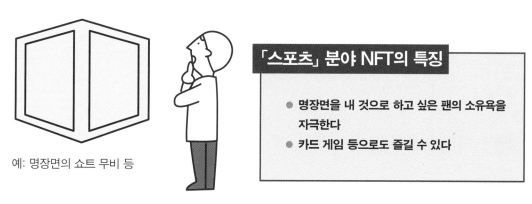

**스포츠** 스포츠 시합에서, 결정적이거나 기념비적인 장면의 동영상 등을 NFT화한 것
스포츠 팬을 중심으로 인기가 높다

예: 명장면의 쇼트 무비 등

**「스포츠」 분야 NFT의 특징**

● 명장면을 내 것으로 하고 싶은 팬의 소유욕을 자극한다
● 카드 게임 등으로도 즐길 수 있다

**아트**

디지털 일러스트

3D 모델

유명 아티스트가 제작한 디지털 일러스트나 3D 모델 등 예술 작품을 NFT화한 것

**게임**

특정 게임 내에서 사용하는 아이템(무기나 아바타 등)을 NFT화한 것

**메타버스**

가상공간

차세대의 가상공간으로 주목받는 메타버스 내의 토지나 아이템을 NFT화한 것

# 04　NFT의 시작은 블록체인 게임

스포츠나 아트 등 다양한 카테고리에서 활용되는 NFT. 사회적인 지명도가 급속히 높아지면서 전문 지식이 없는 사람들도 이미 그 존재를 알게 되었다. NFT가 최초로 이목을 끌게 된 계기는 무엇이었을까.

NFT가 지금처럼 유행이 된 계기 중 하나로「크립토키티<sup>CryptoKitties</sup>」라는 가장 오래된 블록체인 게임이 자주 거론된다. 2017년 11월 말에 출시된 이 게임은 가공의 고양이 캐릭터를 매매, 교배하여 컬렉션하는 것으로 내용상으로는 매우 간단했다. 하지만 한 가지 다른 점은, 블록체인 기술을 통해 캐릭터를 NFT화하고 각각 유일무이한 개성을 부여했다는 점이다. 이를 통해 플레이어들은 자신들이 소유하는 캐릭터를 무엇과도 바꿀 수 없는 특별한 것으로 인식하고, 그것에서 가치를 찾아내게 되었다.

## NFT를 세상에 널리 알린 'CryptoKitties'란?

### CryptoKitties

**세계 최초라고 불리는 블록체인 게임**
**플레이어는 고양이 캐릭터를 수집하기 위해 이더리움(가상자산)을 사용하여**
**매매 및 교배를 한다**

**식별정보를
기록**

**블록체인**

컬렉션 대상이 되는 고양이 캐릭터의 식별정보를 기록하고 그것이 실물이라는 것을 보증한다

**유일무이한 캐릭터**

수집에 열중한 플레이어들은 이더리움(가상자산)을 사용한 매매나 렌탈을 통해서 다양한 종류의 고양이를 모으고, 교배를 반복하여 더욱더 희귀한 개성을 가진 고양이를 손에 넣으려고 한다. 그 과정에서 거래는 과열되고 거기에 NFT의 자산가치에 주목한 투자자들이 참여하게 된 결과, 일부의 고양이는 1억 원 이상의 가치가 붙게 되었다.

크립토키티를 둘러싼 열광적인 인기로 NFT의 존재가 세상에 알려졌고, 그 가치를 인정하는 사람이 증가하면서 NFT 비즈니스는 서서히 열기를 띠어 갔다.

## 플레이어의 사고

플레이어는 수집이나 투자 목적으로, 더욱더 희귀한 고양이를 찾아 매매와 교배를 한다

진기한 고양이를 손에 넣어서 자랑하고 싶어!

가치가 올라갈 것 같은 고양이를 사들여서 판매하고 싶어!

수집가

투자가

**판매** 고양이는 이더리움(가상자산)으로 사고판다

**교배** 고양이끼리 교배 시 각각의 식별정보가 유전자처럼 기능하여 차세대의 고양이에게 계승된다

희귀한 고양이니까 가격을 높게 해야지!

다소 비싸지만 사 버리자!

고양이

파는 쪽

사는 쪽

이더리움

교배

고양이 A

고양이 B

고양이 C

돌연변이로 희귀한 고양이가 태어나기도 한다

# 05 디지털 아트에 불을 붙인 NFT

2021년 초, 한 NFT 아트가 약 855억 원이나 되는 초고가에 낙찰되어 큰 이슈가 되었다. NFT의 존재를 널리 세상에 알린 그 작품은 도대체 어떤 것이며, 왜 그 정도의 가치가 있다고 판단했을까.

전 세계가 코로나의 재앙으로 고통받던 2021년 3월, 한 NFT 아트에 약 855억 원의 가격이 매겨졌다는 뉴스 보도가 센세이션을 불러일으키며 많은 사람의 주목을 받았다. 세계에서 가장 역사가 깊은 옥션 하우스인 크리스티스<sup>Christie's</sup>에 출품된 이 작품은 그래픽 디자이너로 활약하고 있는 비플<sup>Beeple</sup>이 제작한 〈Everydays: The First 5000 Days(매일: 첫 5000일)〉라는 제목의 디지털 아트로, 13년 넘게 비플이 제작한 5천 장의 디지털 영상을 콜라주해 만든 작품이었다.

## 6930만 달러의 가치가 매겨진 NFT 아트

**어떤 작품일까?**

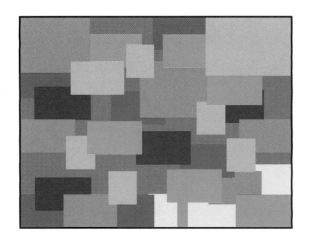

**〈Everydays: The First 5000 Days〉**

비플의 디지털 아트
비플이 제작한 5천 장의 디지털 영상을
콜라주해 만든 작품

매일 1장씩 그린 5천 장의 일러스트를 콜라주했습니다

비플<sup>Beeple</sup>

이 작품을 6930만 달러(약 855억 원)라는 가격으로 낙찰받은 사람은 NFT 프로덕션이자 세계 최대의 NFT 펀드인 메타퍼스의 창립자 메타코반이었다. 그는 이 작품에 대해 비플이 13년 이상 걸쳐 작업한 창작 활동의 성과가 구현된 것으로, 소요된 시간 자체에 충분한 가치가 있다고 판단해서 이 정도 고액으로 입찰했다는 말을 전했다.

이 소식이 알려지면서 NFT의 존재가 세상에 퍼져나갔고 동시에 그 기술을 이용한 '유일물'인 디지털 아트의 가치 역시 크게 높아지는 계기가 되었다. 또한 전 세계에서 NFT 거래를 위한 마켓플레이스의 정비가 진행되었다. 향후 NFT 아트 매매는 더 활성화될 것으로 생각된다.

낙찰받은 이는 누구?

약 855억 원에 낙찰!!

세계 최대의 NFT 펀드
메타퍼스Metapurse 창립자

메타코반Metakovan

시간만큼은 디지털로 해킹되지 않습니다

NFT 아트가 약 855억 원에 낙찰되었습니다

NFT란 저렇게 엄청나구나…

전 세계에 엄청난 뉴스로!

일반인에게도 NFT의 존재가 알려지다

# 06　SNS 게시물이 수십억 원에 거래?
## 고가에 거래된 NFT의 예 ❶

고액으로 거래되는 NFT라고 해서 컬렉션의 가치가 있거나 예술성이 높은 작품에만 한정되는 것은 아니다. 디지털 역사에 있어서 기념비적인 가치가 있는 데이터라면 비록 짧은 텍스트라도 NFT화했을 때 믿을 수 없을 정도의 가격이 매겨진 사례도 있다.

2021년 3월, 트위터에 게시된 '어떤 텍스트'가 NFT화되어 290만 달러(약 35억 원) 정도의 가격에 낙찰되었다는 뉴스가 화제가 되었다. 트위터는 누구나 자유롭게 단문을 게시할 수 있는 커뮤니케이션 툴로, 2006년 등장해 SNS의 대표 격으로 전 세계 사람들이 이용하는, 이른바 SNS계의 선구자라고도 불린다. 트위터에 올라온 셀 수 없을 정도의 트윗(게시물) 중에서, 이렇게 비싼 가격으로 거래된 것은 도대체 어떤 내용이었을까.

## 290만 달러의 가치가 매겨진 트윗은?

### 트위터란?

**주로 단문을 게시해 정보를 발신
하거나 교환하는 커뮤니케이션 툴
활성 사용자 수는 전 세계에서 3억 명
이상에 달함**

SNS계의 선구자!

인터넷에 게시된 단문에 그 정도의 가치가 있다니 선뜻 믿기지 않을 수 있지만, 그 문장이 인류사에 있어서 기념비적인 가치를 가진다면 어떨까. 그 문장은 바로 트위터의 창업자 중 한 명인 잭 도시[Jack Dorsey]가 게시했던 'just setting up my twttr(지금 막 내 트위터를 만들었어)'라는 말이었다. 바로 세계 최초의 트윗이었다. 문장 자체는 단지 5개의 단어로 이루어진 단순한 것이었지만, 인류의 커뮤니케이션을 크게 변화시킨 혁명으로 기념할 만한 트위터의 첫 게시물이었다고 생각한다면 역사적인 가치가 높다고 할 수 있을 것이다. 이런 예에서도 알 수 있듯이, 희소성이나 컬렉션 가치가 높다는 이유만으로 NFT의 가치가 좌우되지 않는다.

## 화제의 트위터는?

- 트위터 창업자 중 한 명인 잭 도시가 쓴 게시물
- 세계 최초의 트윗(게시물)

jack ✓
@jack

**just setting up my twttr**

NFT화하여
경매에 출품

NFT

jack ✓
@jack
just setting up my twttr

약 35억 원에
낙찰

세계 최초의 트윗

디지털 역사에서
'기념비'로써 가치를 인정받음

# 07 초등학생이 제작한 NFT
## 고가로 거래된 NFT의 예 ❷

세상에 알려진 지 얼마 안 된 NFT 시장은 불안정하기는 하지만 폭발적인 성장성을 내포하고 있어서 흐름에 따라 NFT 가격은 단번에 급등하기도 한다. 그런 NFT 가격 급등의 파도에 올라탄 한 초등학생의 사례를 소개한다.

2021년 9월경, 초등학교 3학년 아이가 제작한 여름방학 자유 연구가 세간의 주목을 받았다. 아티스트인 어머니를 둔 그 남자아이는 NFT 아트에 관한 TV 뉴스를 보고 흥미가 생겨 자신도 만들어 보고 싶어 도전했다고 한다. 제작한 것은 「좀비 주Zombie Zoo」라는 도트로 그려진 NFT 아트 시리즈로, 자신이 가장 좋아하는 게임에 등장하는 좀비 캐릭터와 동물 등을 합성하여 디자인했다. 초등학생이라는 나이에 어울리는 그림이 개성적이기는 했지만, 기술과 경험이 뒷받침된, 일반적인 의미에서 예술성이 있는 작품은 아니었다.

## 초등학생이 유명 NFT 아티스트로~

### 도전하게 된 계기는 TV 뉴스

초등학교 고학년 학생이 제작한 NFT 아트가 고액에 거래되었습니다

여름방학 자유 연구로 해보면 어떨까?

엄마, 나도 해보고 싶어!

남자아이 (초등학교 3학년)

엄마 (아티스트)

그런데도 초등학생이 만든 NFT라는 점이 재미있었는지, 작품은 서서히 팔리기 시작했다. 이후 인기가 급상승하게 된 계기는 유명한 버추얼 아티스트 '릴 미켈라<sup>Lil Miquela</sup>'의 프로듀서인 트레버 맥페드리스<sup>Trevor McFedries</sup>가 이 그림을 인터넷에 알리면서다. 원래 약 2만3천 원에 판매되었던 이 아이의 NFT 아트는 '2차 유통(재판매)' 시의 낙찰 가격이 약 800만 원까지 올라 고액으로 거래되었다. NFT 마켓플레이스에는 제작자가 2차 유통 시 수수료(로열티)를 설정하는 기능이 있어서 총 거래액의 일정 퍼센트가 제작자에게 수익으로 환원된다. 이 그림은 당시 800만 원이 넘는 가격으로 거래됐다고 한다.

## 세계적인 유명 인사의 영향으로 단번에 인기 급상승!

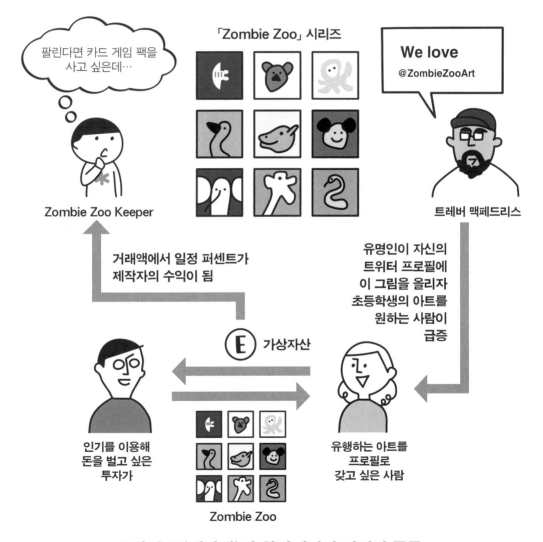

2차 유통(재판매)이 활발해지며 가격이 급등

# 08 뱅크시의 그림을 불태워서 NFT로?
## 고가에 거래된 NFT의 예 ③

정체불명의 아티스트로 여러 번 세간을 떠들썩하게 만든 뱅크시<sup>Banksy</sup>. 그의 작품이 수억 원 이상으로 거래되는 일도 드물지 않다. 이런 높은 화제성을 이용해 최근에는 뱅크시 작품을 NFT 아트화하여 판매하려는 움직임이 있다.

뱅크시는 사회 풍자적인 스트리트 아트 등을 제작하는 익명의 작가로 전 세계에 알려져 있다. 유명한 미술관이나 박물관에 무허가로 자신의 작품을 진열하는 과격한 행위나, 경매에서 낙찰된 자신의 일러스트를 액자 안에 넣은 분쇄기로 파쇄하는 기발한 발상 등으로 주목받아 그의 작품은 고액으로 거래된다.

「Morons(멍청이)」라고 이름 붙인 뱅크시의 작품을 구매한 가상자산 투자자들은 2021년 3월, 이 그림을 NFT화한 후 불태워 큰 이슈를 낳았다. 이 모습은 유튜브에서 방송되었고 그 후 NFT 아트가 된 Morons

## NFT화한 직후에 소각된 뱅크시의 작품

### 문제의 뱅크시 작품

『**Morons**』 '멍청이'라는 이름의 일러스트. 경매를 즐기는 사람들 옆에,
「I can't believe you morons actually buy this shit(이런 개똥 같은 작품을 사는 멍청이가 있다니, 믿을 수 없어!)」라고 빈정거리는 메시지가 곁들어 있다

**원래 그림은 약 1억 원**

오리지널 그림 구매 후 NFT화를 계획

가상자산 애호가 그룹 「Injective Labs」

를 경매에 부쳤다. 이 사건은 온 세상에서 큰 논란을 불러일으켰는데, 오리지널(아날로그 원본)을 잃은 디지털 아트에 가치가 있는지, NFT 아트에 예술적 가치가 있는지, 단순히 이름을 알리기 위한 퍼포먼스는 아닌지 등 의견이 분분했다.

많은 이목이 쏠렸던 이 작품의 경매 결과, 오리지널 작품의 가치가 약 1억 원이었던 것에 비해, NFT 아트화된 「Morons」의 낙찰 가격은 무려 약 4억 원이었다. 이 사례는 뱅크시 작품에 관한 대중의 높은 관심도를 재확인한 것은 물론, NFT 아트의 예술적 가치를 세상에 널리 증명해 보인 계기가 되었다.

## 물의를 일으킨 NFT 아트화

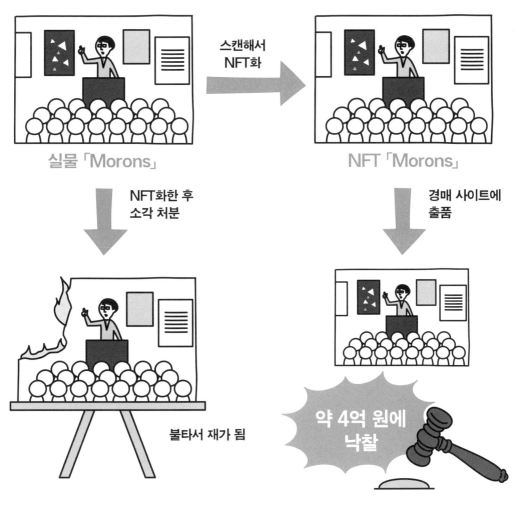

스캔해서 NFT화

실물 「Morons」

NFT 「Morons」

NFT화한 후 소각 처분

경매 사이트에 출품

불타서 재가 됨

약 4억 원에 낙찰

NFT 아트에도 예술적인 가치가 있다는 것을 증명

# 09 NFT의 4가지 특징

앞서 NFT의 개요를 사례와 함께 살펴보았다. NFT가 어떠한 것인지 대략적인 이미지는 파악되었을 거로 생각한다. 지금부터는 NFT의 특징에 대해서 좀 더 상세하게 정리하여 이해를 돕고자 한다.

NFT가 가진 특징 중 첫 번째는 다른 데이터와 구별 가능한「유일성」이다. 앞에 설명한 것처럼 NFT는 블록체인 기술로 각각 고유의 식별정보를 부여받는다. 이 기술로 NFT는 자신의 출신이나 거래 이력을 고치기 어려운 형태로 기록되기 때문에, 복제나 위작이 없는 '단 하나뿐'이라는 가치가 탄생한다.

두 번째 특징은 디지털 데이터만의 자유로운「거래 가능성」이다. NFT의 매매는 블록체인 기술로 보증된 인터넷상에서 이루어지므로 신뢰성이 높다. 또한 데이터라는 특성상, 실제의 물품과는 달리 간단하게 이전이나 거래할 수 있다.

세 번째 특징은 공통의 규격을 이용할 수 있는「상호운용성」이다. 현재 많은 NFT는「ERC-721」이라는

## NFT의 4가지 특징

### ❶ 유일성

블록체인 기술로 고유 식별번호가 부여되므로 유일무이한 가치를 지닌다

온리 원!

NFT

식별정보 → 블록체인

### ❷ 거래 가능성

블록체인 기술로 신뢰성 높은 거래가 가능 데이터이므로 교환도 원활하게

소유자가 명확하니까 안심하고 거래 할 수 있네!

인터넷상에서 교환하니까 빠르고 간단해요!

NFT

Ⓔ 가상자산

블록체인 ← 안전한 거래를 보증

규격을 이용해 이더리움상에서 발행되고 있으며, 이 규격에 대응할 수만 있다면 여러 개의 지갑이나 마켓플레이스 등을 넘나들며 운영할 수 있다.

마지막으로는, 스마트 컨트랙트(Smart Contract, 블록체인상에서 강제적, 자동적으로 실행되는 프로그램 코드)를 이용한 「프로그래머빌리티(Programmability, 프로그램 가능성)」라는 특징을 가진다. 예를 들어, 2차 유통(재판매) 시, 수수료나 거래 수량의 제한 등에 관한 규칙을 프로그램의 형태로 미리 정해 놓고 자동으로 실행하도록 할 수 있다.

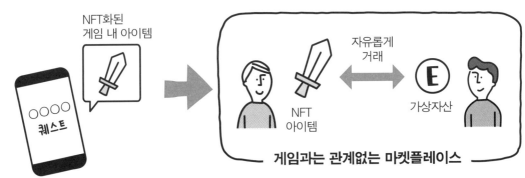

**❸ 상호운용성** NFT 공통 규격에 맞는다면
각 서비스의 테두리를 넘나들며 운용 가능

어떤 게임 안에서 구매한
NFT 아이템이라도…

게임 밖에서 자유롭게 거래 가능
또, 게임 서비스가 종료되어도 NFT는 수중에 남는다

NFT화된
게임 내 아이템

퀘스트

자유롭게
거래

NFT
아이템

가상자산

**게임과는 관계없는 마켓플레이스**

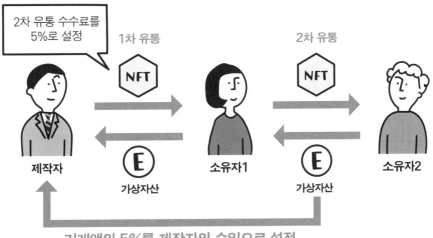

**❹ 프로그래머빌리티** 자신이 제작한 NFT의 2차 유통(재판매) 시,
수수료 등을 맞춤형으로 설정해 자동으로 실행

2차 유통 수수료를
5%로 설정

1차 유통

2차 유통

NFT

NFT

제작자

가상자산

소유자1

가상자산

소유자2

**거래액의 5%를 제작자의 수익으로 설정**

# 10
## NFT의 가능성 ❶
### 전 세계가 주목하는 일본의 IP 비즈니스

일본이 자랑하는 만화나 애니메이션, 게임 등의 IP(지적재산) 콘텐츠 중에는, 세계에서 톱 클래스로 인기 있는 작품이 많이 있다. 이런 콘텐츠가 NFT의 분야에 진출한다면, 시장은 한층 커질 것이다.

수억, 수십억이나 되는 거금이 당연한 듯이 움직이며 이미 수많은 사람이 열광하고 있는 NFT 분야. 그런 가운데, 시장을 더욱 북돋우는 기폭제로 기대되는 것이 일본이 자랑하는 유명 IP의 NFT 참여다. IP란 'Intellectual Property(지적재산)'의 약어로, 구체적으로는 만화나 애니메이션, 게임 등의 창작물을 활용해 상품을 제작·판매하거나 이벤트를 개최하는 것을 「IP 비즈니스」라고 말한다.

## IP(Intellectual Property)란?

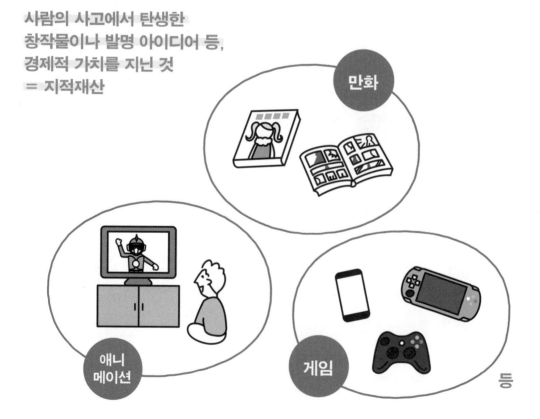

사람의 사고에서 탄생한
창작물이나 발명 아이디어 등,
경제적 가치를 지닌 것
= 지적재산

만화

애니
메이션

게임

등

일본은 세계 굴지의 IP 콘텐츠 국가로, 비디오 게임인 「포켓 몬스터」나 만화 원작의 카드 게임 「유희왕」 등은 다국어로 번역되어 전 세계에서 사랑받는다. 그러한 빅 콘텐츠가 NFT에 참여하게 되면 어떻게 될까. 전 세계 팬들이 자신만의 캐릭터나 카드를 손에 넣기 위한 거래가 쇄도하고 IP 비즈니스의 새로운 개막이 열릴지도 모른다.

또, NFT는 비디오 게임 본연의 모습을 바꾸어 갈 것으로 예상한다. 실제로 필리핀에서는 게임 내 통화를 현금으로 환전할 수 있는 「엑시 인피니티Axie Infinity」라는 NFT 게임이 성행하고 있으며, 하루에 몇 시간이라도 게임을 해서 생계를 유지하는 사람도 있다고 한다(Chapter 6 참조). 향후 강력한 IP를 활용해 그러한 NFT 게임이 개발될지도 모른다.

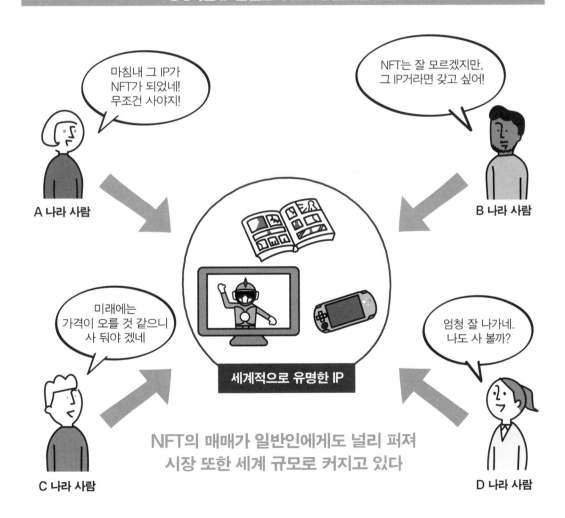

**세계적인 IP 콘텐츠가 NFT에 참여한다면?**

마침내 그 IP가 NFT가 되었네! 무조건 사야지!

NFT는 잘 모르겠지만, 그 IP거라면 갖고 싶어!

A 나라 사람

B 나라 사람

미래에는 가격이 오를 것 같으니 사 둬야 겠네

엄청 잘 나가네. 나도 사 볼까?

세계적으로 유명한 IP

NFT의 매매가 일반인에게도 널리 퍼져 시장 또한 세계 규모로 커지고 있다

C 나라 사람

D 나라 사람

# 11 NFT의 가능성 ❷
## 새로운 비즈니스 기회

만화나 애니메이션, 게임 이외에도 스포츠나 음악, 영화 등 콘텐츠를 가진 사업자에게 NFT의 활용은 다양한 비즈니스 기회를 가져온다.

콘텐츠나 권리를 가진 사업자가 NFT를 활용하는 이점의 하나로 「팬 커뮤니케이션」 강화를 들 수 있다. Chapter 5에서 자세히 설명하겠지만, 스포츠 업계에서는 디지털의 특징과 2차 유통이 가능하다는 특성 때문에 'NFT 트레이딩 카드'가 팬이나 수집가들 사이에 이미 높은 가격으로 거래되고 있다. 또, 스포츠와 게임은 서로 성질이 잘 맞아 J리그 등은 트레이딩 카드를 사용한 게임 개발에 몰두하고 있다. 음악 업계도 NFT를 소유하고 있는 사람만 들을 수 있는 서비스나 한정 이벤트의 VIP 권을 판매하고 있어, 현재 음악 시장의 주류인 구독 서비스를 대신하는 새로운 비즈니스를 만들어 내는 것도 꿈만은 아니다.

## NFT로 팬 커뮤니케이션 활성화

세계 톱 클래스의 IP 콘텐츠 ← **NFT** → 팬 커뮤니케이션에 활용

최근에는 크라우드펀딩으로 자금조달과 고객 모집을 하여 애니메이션과 영화 제작을 하는 크리에이터가 점차 늘고 있다. 그중에 NFT를 활용하는 경우도 볼 수 있는데 예를 들면, 차기작에 대한 우대권을 판매함으로써 일시적인 커뮤니케이션이 아닌 중장기적으로 팬 커뮤니케이션을 할 수 있게 되었다.

여하튼 '유일무이의 증명', '가치의 전송과 이전', '복사나 조작의 불가능', '거래 추적 가능'과 같은 NFT나 블록체인의 특성을 살리면서도 왜 NFT화가 필요한지, 팬과 사용자 모두에게 어떤 이점을 줄 것인지를 생각하는 데 NFT 비즈니스 성공의 열쇠가 달려있다.

## 스포츠

● NFT 트레이딩 카드는 2차 유통할 수 있다는 이유로 큰 지지를 받는다

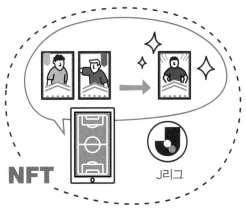

● 게임 내에서 육성한 선수 카드를 사용자 간에 매매할 수 있다

## 음악

● 한정 이벤트 등의 VIP 권을 NFT로 판매한다
● NFT를 가진 사람만 들을 수 있는 서비스를 제공한다

## 애니메이션과 영화

● 크라우드펀딩 같이 팬들과 중장기적인 커뮤니케이션을 할 수 있다

# 12 NFT의 가능성 ③
## 아트의 진화

지금까지 NFT 아트의 사례를 몇 가지 소개했지만, 그 외에도 NFT 아트는 실제 작품에서는 할 수 없었던 걸 실현할 가능성도 있다. NFT는 아트를 어떤 모습으로 바꾸게 될까.

첫째, 100년 후에도 200년 후에도 아트 작품의 진품 여부나 거래 내력이 「증명」된다. 어떤 아티스트가 죽은 후에 무명 시절의 작품이나 미발표로 세상에 나오지 않은 작품들이 있다고 하자. 그것이 정말 본인의 작품인지 전문 감정사가 정확히 판단할 수 있을까? 반면에 블록체인 기술을 활용한 NFT 아트의 경우, 발행이나 그 후의 거래 내역이 모두 기록된다. '디지털 아트에 가치가 생길까?'라고 여전히 반신반의하는 의견이 있을지 모르지만, NFT 아트는 아티스트가 오리지널로 인정한 작품이 여러 사람의 손을 거쳐 결국 자기 소유가 되므로 그 아티스트의 팬이라면 충분히 가치를 느낄 것이다.

## 실제 작품으로는 할 수 없었던 것도 NFT로는 가능해진다

이게 진품인가?
모르겠다…
난처하네

NFT

모든 거래 이력이
블록체인에 기록된다

실제 작품의 경우, 작가가 죽은 후나
무명 시절의 작품은 전문 감정사여도
진품 여부를 판단하는 것이 어렵다

증명서

1970년 2월 3일
A가 작성

1982년 2월 1일
B가 구매

2022년 3월 13일
C가 구매

둘째, 디지털 아트는 영원히 작품을 발표 당시의 상태로 감상할 수 있다. 반대로 NFT의 기술을 활용하여 영원히「변화」하는 아트 작품이 탄생할 수도 있다. 예를 들어, 디지털 아트 작품을 소유한 사람에게 자유롭게 고쳐 쓸 수 있는 권리도 부여된다면, 최종적으로는 전혀 새로운 아트 작품이 탄생할지 모른다. 게다가 블록체인의 기술로 누가 관여했는지도 모두 기록된다. 그렇게 볼 때, 기존의 발상으로는 생각할 수 없었던 새로운 가치가 충분히 생길 수 있다.

## 변화가 계속되는 아트에 새로운 가치가 생긴다

# COLUMN 알아 두어야 할 NFT 비즈니스 용어 ①

## ● 가상자산 ▶ p.16

인터넷상에서 불특정 다수 간 상품 등의 대가로 사용할 수 있는 자산으로 암호화폐라고도 한다. 다양한 종류가 있지만, 특히 비트코인이 유명하다. 일본에서 가상자산(일본에서는 암호 자산으로 부른다)은 '자금 결제에 관한 법률'에서 다음과 같이 정의되어 있다. ① 불특정 다수 간에 대금의 지급을 위해 사용 가능하며, 법정통화(엔 등)와 교환 가능 ② 전자적으로 기록·이전 가능 ③ 선불카드와 같은 법정통화 표시자산이 아닌 것. 가상자산은 최근 전 세계에서 그 종류도, 총액도 계속 증가하고 있지만 문제점이 없는 것은 아니다. 하나는 시세 변동이 심하고, 위험이 크다는 것. 또 하나는 분실이나 해킹의 위험이 있다는 점이다. 거기에 현재 일본에서 가상자산으로 얻은 이익에는 최고 50%가 넘는 세금이 붙기 때문에 주의가 필요하다.

## ● 마켓플레이스 ▶ p.19

마켓플레이스Market place는 원래 상품을 매매하는 시장 자체를 가리키는 단어지만, 인터넷에서 판매자와 구매자가 자유롭게 거래하는 시장을 가리키는 것으로 그 의미가 바뀌었다. 마켓플레이스에는 기업 간 거래와 개인 간 거래가 존재한다. 처음에는 기업 간 전자거래(B2B)로 사용되었지만, 최근에는 전자 상점이 모인 온라인몰이나 개인 간에 상품을 거래하는 플리마켓 앱 등이 급속도로 보급되고 있다. 기업 간 마켓플레이스는 기업 간 상품 거래의 신속화나 효율화, 혹은 비용 절감에 크게 이바지한다. 소비자 대상의 마켓플레이스는 기업 간의 마켓플레이스 이상으로 시장이 점점 커지고 있는데 아마존, 라쿠텐, 야후 쇼핑 등이 대표적이다.

## ● 2차 유통(재판매) ▶ p.29

플리마켓이나 경매 등에서 한번 판매된 것을 재차 유통하는 것을 말한다. 1차 유통은 기업이 상품을 구매하여 점포나 인터넷 등을 통해서 판매하는 것이다. 지금까지는 1차 유통이 경제활동의 주류였지만 앞으로는 2차 유통이 경제활동에서 차지하는 비율이 높아질 것으로 예상된다. 인터넷의 보급으로, 특히 개인 간(C2C)의 2차 유통 규모가 확대되고 있다. 2018년 일본의 2차 유통 총액은 20조 원을 넘었는데 메루카리(일본의 플리마켓 앱)나 야후 옥션 등이 잘 알려져 있다. 특히 의류업계의 성장률이 현저히 늘고 있다. 이는 필요 없는 물건을 버린다는 생각에서 재이용하는 쪽으로 생각이 전환되었기 때문인데, 환경문제를 위한 방법론 차원에서도 이러한 2차 유통 시장의 역할이 크다.

## ● 상호운용성 ▶ p.33

영어로는 Interoperability라고 하며, 상호접속성이라고도 한다. 구조가 다른 여러 개를 접속하거나 조합했을 경우, 전체적으로 정확한 기능을 하는 구조 또는 그의 작동 정도를 말한다. IT, 군사, 경제 등 다양한 분야에서 사용되고 있다. 일반적으로 어떤 분야에서 상호운용성이 향상되면 편리성과 신속성이 높아져 보다 많은 사람에게 이익을 줄 수 있으므로, 기업들은 상호운용성을 높이기 위해 노력한다.

## ● 프로그래머빌리티 ▶ p.33

프로그램 언어를 사용해 네트워크 관리나 운용이 가능한 사양에 있음을 일컫는 말이다. 프로그래머빌리티Programmability
는, '프로그램 작동이 가능한'으로 번역할 수 있다. 일반적으로 프로그래머빌리티가 있는 구조란, 미리 정해진 사용
법만으로 작동하는 구조와는 다르게, 어떻게 동작 · 관리하는가를 프로그램으로 자유롭게 설계할 수 있는 환경을 가
진 구조를 가리킨다. 블록체인의 세계에서 말하면, 프로그래머빌리티가 있는 블록체인의 대표 격이 이더리움이다.

## ● ERC-721 ▶ p.32

이더리움 블록체인이 NFT를 발행할 때 현재 가장 자주 사용되는 규격. ERC-721에는 토큰의 기본 기능인 소유나
전송에 관한 최소한의 기능이 정의되어 있다. 가상자산은 통화로 사용되기 때문에 어떤 코인이든 동일한 가치(토큰)
가 있지만, ERC-721의 경우, 하나의 토큰에 해당하는 작품 및 아이템은 고유한 가치를 지니는 유일한 것이어서 대
체 불가능하다. 이더리움상에서 NFT 발행 시에는 ERC-1155도 자주 이용된다. 그 외에 'Creators' Royalty Token
Standard'로 불리는 ERC-2571은 NFT 자체에 로열티율에 관한 정보가 있어 2차 유통(재판매) 시에도 아트 워크
제작자가 로열티(수수료)를 받게 된다.

## ● 구독 서비스 ▶ p.36

정기 구독으로도 번역되는 비즈니스 용어로, 고객이나 이용자가 월 1회나 연 1회 요금을 내고 해당 서비스를 받는
다. 대표적인 구독 서비스로는 동영상 전송 서비스인 넷플릭스나 음악 전송 서비스인 애플뮤직을 들 수 있다. 이러한
서비스는 일정 요금을 내면 동영상을 무제한으로 볼 수 있거나, 음악을 무제한으로 들을 수 있다는 장점이 있다. 또
한, 언제든지 해지할 수 있으며, 지속해서 업데이트할 수 있다는 이점도 있다. 일본에서 구독 서비스 시장 규모는 최
근 계속 증가해 2023년에는 기업과 개인 간에는 14조 원, 기업 간 규모는 60조 원이 될 것으로 내다본다.

## ● 크라우드펀딩 ▶ p.37

인터넷을 통해 자신의 활동이나 꿈을 알리고, 그것에 공감하거나 응원하는 사람에게서 투자 자금을 모으는 시스템.
크라우드펀딩Crowd Funding이라는 단어는 영어의 군중Crowd과 자금조달Funding을 합쳐 만든 합성어다. 현재 크라우드펀딩
은 개발도상국에 경제 지원, 상품 개발, 자체 제작 영화 등 폭넓은 분야의 프로젝트로 진행되고 있다. 크라우드펀딩
에는 세 종류가 있다. '구매형'은 어떤 상품이나 서비스를 사는 방식. '기부형'은 기부로 돈을 모으고 기부자는 무언
가를 받지 않은 방식, '금융형'은 주식 발행 등으로 자금조달을 하는 방식으로 구매자는 실제로 주식 등의 유가증권
을 받는다.

# CHAPTER 2

## NFT 비즈니스의 대전제!
# 블록체인의
# 기초 지식

NFT 비즈니스를 하려면
블록체인에 관한 지식이 빠질 수 없습니다.
이 장에서는 NFT를 더욱더 깊이 이해하기 위한
블록체인의 기초를 알아봅니다.

거래 이력을 정리한 장부

# 01 블록체인이란 도대체 무엇인가?

최근 DX(Digital Transformation, 디지털 트랜스포메이션)화로 디지털 상거래가 급격하게 진행되고 있다. 거기서 주목받는 것이 가상자산을 다루기 위해 만들어진 블록체인 기술이다.

블록체인은 이미 주류가 된 디지털 상거래의 효율성과 안전성을 높이기 위해 개발된 기반 기술이다. 원래는 가상자산인 비트코인에서 「거래 이력을 정리한 장부」로 고안된 기술로, 인터넷에 접속한 다수의 컴퓨터를 사용하여 블록 단위로 정리한 정확한 기록을 체인(사슬) 형태로 연결하여 축적해 가기 때문에 이런 이름이 붙여졌다. 그래서 '블록체인=비트코인'이라 착각하기도 하지만, 넓은 의미로는 디지털 콘텐츠의 보수, 계약 등 거래 데이터의 일괄 관리, 물류 시스템 관리 등 다양한 용도로 이용 가능한 '네트워크 공유형 데이터베이스' 그 자체를 가리킨다.*

## 블록체인의 장점은?

### 다양한 데이터를 분산하여 관리한다!

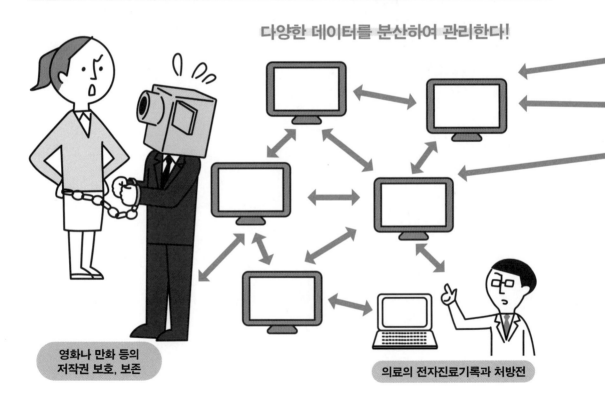

영화나 만화 등의
저작권 보호, 보존

의료의 전자진료기록과 처방전

블록체인은 다양한 요소가 복잡하게 얽혀 실현된 기술이므로 조금씩 다르게 정의되기도 하지만, 참가자들이 합의한 정보만이 유효하다고 인식되는 기술이라 말할 수 있다.

현재 비트코인의 블록체인 외에도 다양한 사양의 블록체인이 존재한다. 그 본질은 '장부의 공유'이므로, 다수의 관련 기업에서 블록체인을 사용해 데이터를 공유하여 대응하는 방안이 추진되고 있다. 최근에는 DX화 흐름에 따라 블록체인 기술이 주목받아, 더 많은 곳에서 활용될 것으로 예상한다.

* 블록체인은 데이터 관리를 목적으로 하는 데이터베이스 의미 이상의 컴퓨팅 플랫폼으로 보는 관점이 최근에는 더 일반적이다.

**앞으로는…**
선거, 공문서 등에서 누구나 열람, 검증할 수 있고 변조 불가능한 데이터로 이용될 것으로 예상한다

가상자산의 관리

물류 시스템의 운영과 관리

증권이나 금융 거래의 데이터 관리

# 02 블록체인의 특징 ①
## 관리자인 중앙기관이 없다

기존의 인터넷에서는 은행이나 공적 기관이 데이터나 개인정보의 거래를 맡아 신용을 보증했지만, 블록체인의 탄생으로 관리자 없이도 신용을 담보할 수 있는 구조가 구축되었다.

모르는 불특정 다수의 참가자가 대부분인 인터넷상에서는, 돈을 교환하거나 직접 계약하는 것이 지극히 어렵다고 여겨져 왔다. 제3자에게 악용될 위험이 크기 때문이다. 그런 이유로 지금까지는 정부, 중앙은행, 민간은행, 신용카드 회사 등 공적인 신뢰를 보증하는 관리자(중앙관리자)의 서버상에 데이터나 개인정보를 맡기고 거래를 했다.

그러나 새롭게 등장한 블록체인은 관리자가 아닌 참여자 전원이 거래의 정당성을 검증하고 신용을 담보하는 「탈중앙화 시스템」을 실현하는 구조로 주목받고 있다.

## 퍼블릭과 프라이빗은 무엇이 다른가?

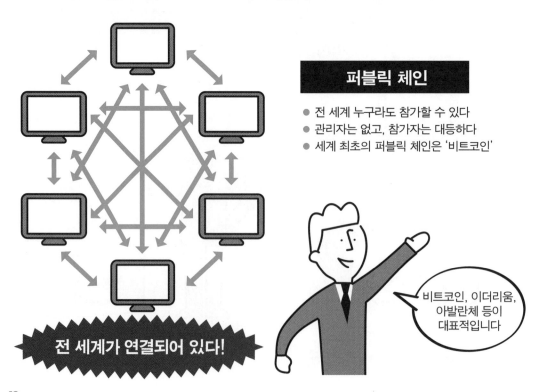

### 퍼블릭 체인

- 전 세계 누구라도 참가할 수 있다
- 관리자는 없고, 참가자는 대등하다
- 세계 최초의 퍼블릭 체인은 '비트코인'

**전 세계가 연결되어 있다!**

비트코인, 이더리움, 아발란체 등이 대표적입니다

블록체인은 크게 '퍼블릭 체인'과 '프라이빗 체인'의 두 종류로 분류할 수 있다. '퍼블릭 체인'은 누구나 마음대로 노드(망상구조의 구성요소)를 세워서 네트워크에 참여할 수 있는 시스템이다. 모든 거래는 공개되며 참가자 전체가 합의한 유일한 거래 이력을 가진다.

반면에, 중앙관리자가 참가자를 결정하는 '프라이빗 체인'은 한정된 소수가 참가하기 때문에 빠르게 거래를 승인하고 고속으로 처리하는 등 체인에 기록된 정보의 제어가 가능하다.

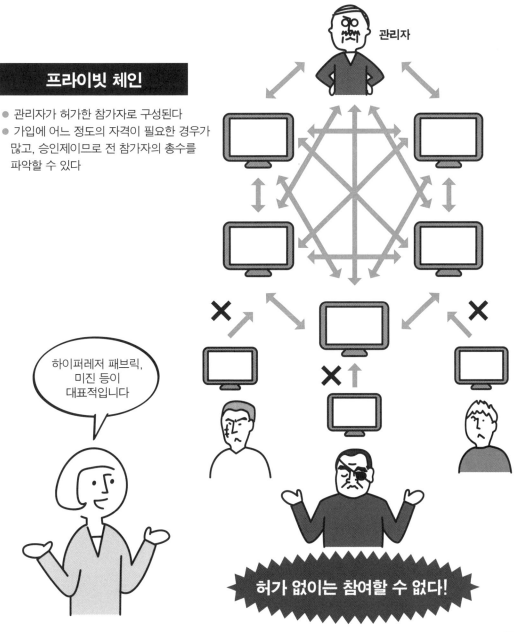

관리자

**프라이빗 체인**

- 관리자가 허가한 참가자로 구성된다
- 가입에 어느 정도의 자격이 필요한 경우가 많고, 승인제이므로 전 참가자의 총수를 파악할 수 있다

하이퍼레저 패브릭, 미진 등이 대표적입니다

**허가 없이는 참여할 수 없다!**

# 03 블록체인의 특징 ❷
## 분산된 컴퓨터로 운영된다

블록체인은 분산된 컴퓨터로 운영되는 시스템이어서 일부분이 부서져도 멈추지 않는다. 그것이 「P2P 네트워크」, 블록체인의 최대 이점이라고도 말한다.

대등의 의미를 가진 'Peer to Peer'라는 이름에서 유래한 P2P 네트워크는 「노드$^{node}$」라고 불리는 참가자의 컴퓨터가 클라이언트(서비스 기능을 사용하는 측)와 서버(서비스나 기능을 제공하는 측) 양쪽의 역할을 맡아 컴퓨터를 분산시켜 네트워크를 만든다. 모든 노드가 같은 정보를 복사하고 공유함으로써 전체 시스템을 가동시키는 것이다.

그 결과 단일 장애 지점(single point of failure)의 문제를 피할 수 있다. 즉, 일부 노드에 장애가 발생해도 네트워크 전체에 미치는 영향이 적어 시스템 전체가 작동되지 않는 일이 없는 셈이다.

## 멈추지 않는 블록체인의 구조

### 기존의 클라이언트 서버

- 서비스의 업데이트는 서버에 변경을 가하는 정도로 완료되지만, 장애가 발생하면 다운타임이 생긴다
- 관리 · 유지 비용이 비싸다

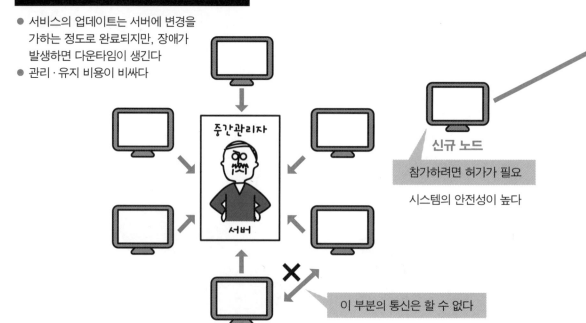

중간관리자

서버

신규 노드

참가하려면 허가가 필요

시스템의 안전성이 높다

이 부분의 통신은 할 수 없다

네트워크의 규모가 커지면 커질수록 장애에 대해 내구성이 높아진다. 이것은 「분산 시스템」의 대표적인 특징이다. P2P 네트워크의 최대 이점은 사고로 시스템 전체가 멈출 가능성이 지극히 낮고 장기간에 걸쳐서 안정적으로 가동될 수 있다는 것이다. 즉, 노드의 수가 늘어날수록 그만큼 안전하고 신뢰성이 담보된 네트워크 시스템이 가능해진다.

## P2P 네트워크

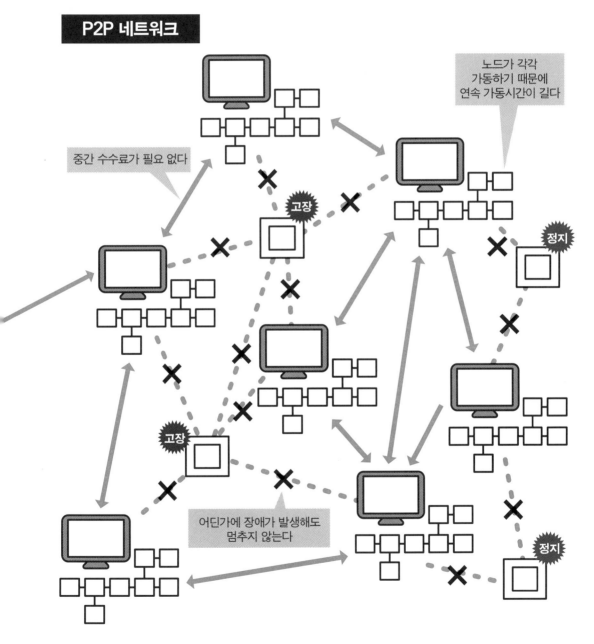

노드가 각각 가동하기 때문에 연속 가동시간이 길다

중간 수수료가 필요 없다

고장

정지

고장

어딘가에 장애가 발생해도 멈추지 않는다

정지

# 04 블록체인의 특징 ❸
## 변조가 지극히 어렵다

지금까지의 모든 거래 기록을 보관하는 것도 블록체인의 특징 중 하나이다. 이렇게 거래 이력을 모두 기록하면 어떠한 장점이 있을까?

블록체인은 체인이 만들어진 시점부터 현재까지의 모든 거래 내역이 기록되고 누구나 그 내용을 볼 수 있다. 블록은 일정 기간(비트코인은 약 10분 간격으로)마다 「블록」이라 불리는 덩어리로 기록 저장되는데, 이 블록이 「체인」의 형태로 연결되고, 다음 블록이 데이터를 이어받아 데이터가 응축된 요약판 같은 것이 저장되는 방식이다. 전 세계의 컴퓨터는 이전의 모든 거래 기록을 보관하고 서로 경쟁하면서 새로운 블록을 생성하고 있으므로 만에 하나 악의를 가진 사람이 거래 이력을 조작하려고 해도 실제로는 불가능하다.

## 블록체인은 변조가 어렵다!

데이터를 조작할 수 있는 계산 능력이 있다면, 블록체인에 정식으로 참가하는 편이 가상자산을 받을 수 있고 이득이지!

블록
블록
블록
블록

해시값*
거래 이력

해시값
거래 이력

합의 알고리즘
Proof of Work
작업증명

\* 복사된 디지털 증거의 동일성을 입증하기 위해 파일 특성을 축약한 암호 같은 수치

이런 방식은 '비트코인'처럼 「작업증명Proof of Work(PoW)」이라 불리는 합의 알고리즘(참여자들의 통일된 의사 결정을 이끄는 원리)을 통해 암호를 많이 풀수록 블록 추가 권한이 많아지는 경쟁 방식으로 블록을 연결해 나갈 때의 설명이다. 반면에 '이더리움 2.0'(현재 이더리움 1.0은 비트코인과 동일한 작업증명 방식이다)이 목표로 하는 「지분증명Proof of Stake(PoS)」 방식은 가상자산의 양과 보유 기간에 대응하여 산출되는 가치(코인 연령)가 많을수록 블록 연결이 쉬워지는(데이터를 업데이트할 권한이 더 많아지는) 합의 알고리즘이다. 여기에는 PoS의 값이 많으면 가상자산의 가치를 떨어뜨리는 부정 행위는 저지르지 않을 것이라는 전제가 깔려 있다.

# 05 블록체인의 3가지 종류

블록체인에는 「퍼블릭 체인」, 「프라이빗 체인」, 그리고 프라이빗 체인의 복수 관리자 간 버전이라 할 수 있는 「컨소시엄 체인」의 세 종류가 있다. 각각 운영 측면에서 어떠한 이점이 있을까?

퍼블릭과 프라이빗의 차이는 '특정의 관리자'가 참여하고 있는 노드를 관리하고 있는지다. 비트코인과 이더리움으로 대표되는 퍼블릭 체인은 누구나 자유롭게 참가할 수 있는 탈중앙화 체인이다. 거래는 모두 공개되며 참여자 전체가 합의한 하나의 거래 이력을 가진다. 누구나 참가할 수 있으므로 부정행위를 하려고 하는 나쁜 의도를 가진 사람이 섞일 가능성도 있지만, 참가자의 과반수가 좋은 의도를 가진다면 네트워크가 가동되어 정상적인 거래가 이루어지도록 구축되어 있다. 대부분의 퍼블릭 체인은 참가자에게 운용 보수로 가상자산을 부여하는 구조여서 올바르게 행동하는 편이 경제적으로 이득을 볼 수 있게

## 세 종류의 블록체인과 그 특징은?

### 블록체인의 분류

|  | 퍼블릭 | 프라이빗 | 컨소시엄 |
|---|---|---|---|
| 관리자 | × | ○ (단독) | ○ (복수) |
| 참가자 | 불특정 다수 | 허가된 복수의 참가자만 | 허가된 복수의 참가자만 |
| 합의 형성 | 독자적인 합의 형성 규칙을 따름 | 관리자가 승인 | 관리자 그룹이 승인 |

> 컨소시엄 체인은 합의 형성에 있어서 불특정 다수의 합의가 필요 없으므로, 프라이빗 체인에 가까울지도 모릅니다

설계되어 있다.

반면에 프라이빗 체인에 참여하려면 승인이 필요하다. 즉, 특정 노드만 참여하므로 노드가 가동하고 있으면 그 총수를 파악할 수 있고, 관리자가 체인의 사양을 결정할 때도 합의를 얻기 쉽다.

컨소시엄 체인은 같은 업계의 기업 연합 등에서 공동으로 운용하는 체인으로, 미리 정해진 참가자만이 네트워크를 구축한다. 특정 다수가 운영한다는 점에서 프라이빗 체인과 큰 차이가 있다.

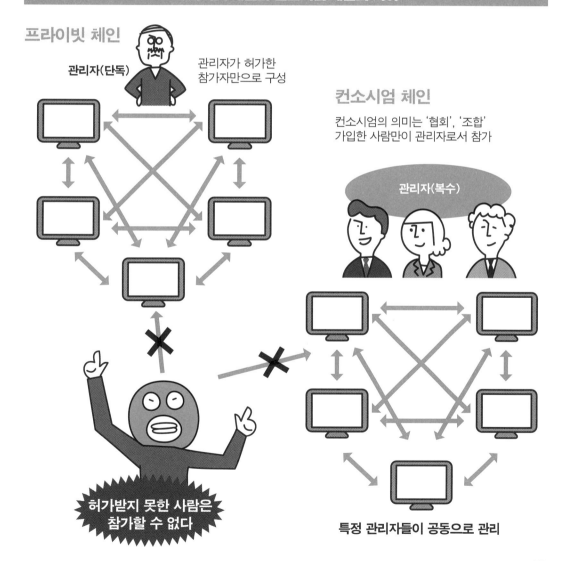

## 프라이빗 체인과 컨소시엄 체인의 차이

### 프라이빗 체인

관리자(단독)

관리자가 허가한 참가자만으로 구성

### 컨소시엄 체인

컨소시엄의 의미는 '협회', '조합'
가입한 사람만이 관리자로서 참가

관리자(복수)

허가받지 못한 사람은
참가할 수 없다

특정 관리자들이 공동으로 관리

# 06 가상자산의 대표인 비트코인으로 블록체인을 해석하다

최근 몇 년 동안 가상자산 붐이 일며 성황을 누리고 있다. 「비트코인」은 블록체인을 대표하는 가상자산이다. 네트워크상에서 이루어지는 거래는 간단하고 누구나 이용할 수 있다. 그리고 그 가치는 참가자가 인정함으로써 비로소 만들어지는 독자성을 지닌다.

2009년부터 운영이 시작된 비트코인은 P2P 네트워크상의 분산형 장부로 있는 블록체인에 기록된 거래 데이터로 움직임이 나타난다.

모든 거래가 네트워크상에서 이루어지기 때문에 국제 송금도 단시간 내에 끝낼 수 있고, 소액의 수수료로 24시간 365일 이용할 수 있다. 관리자도 없고, 신분 증명 절차나 은행 계좌도 필요 없으며, 스마트폰이나 컴퓨터 등 인터넷에 접속할 수 있는 단말기가 있으면 전 세계 누구나 사용할 수 있다.

## 가상자산으로 보는 블록체인의 구조

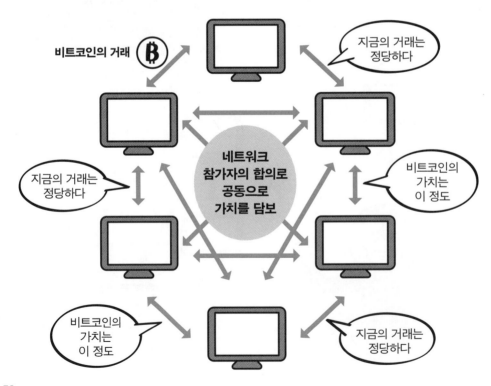

비트코인은 지갑<sup>wallet</sup>을 만들면 누구라도 거래에 참여할 수 있다. 투자 목적이라는 이미지가 강한 가상자산이지만, 기존의 금융 인프라가 미발달한 국가에서 은행 계좌를 가지지 못한 사람이나 프라이버시를 중시하는 사람들이 특히 애용하고 있다.

디지털상의 자산 데이터인 비트코인은 달러나 원과 같은 법정통화의 뒷받침은 없다. 비트코인은 국가나 정부와 관계없이 다수의 참가자가 이 시스템의 높은 이용 가치를 인정함으로써 그 가치가 생긴다.

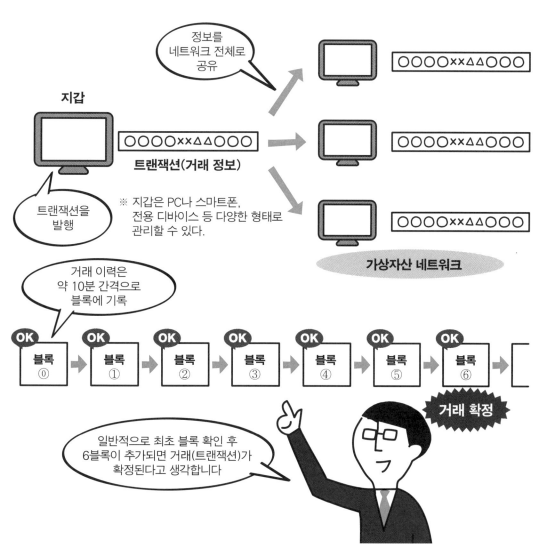

**거래를 확정하기까지의 흐름**

정보를 네트워크 전체로 공유

지갑

트랜잭션(거래 정보)

트랜잭션을 발행

※ 지갑은 PC나 스마트폰, 전용 디바이스 등 다양한 형태로 관리할 수 있다.

가상자산 네트워크

거래 이력은 약 10분 간격으로 블록에 기록

OK 블록 ⓪ → OK 블록 ① → OK 블록 ② → OK 블록 ③ → OK 블록 ④ → OK 블록 ⑤ → OK 블록 ⑥ →

거래 확정

일반적으로 최초 블록 확인 후 6블록이 추가되면 거래(트랜잭션)가 확정된다고 생각합니다

# 07 거래를 의미하는 트랜잭션의 역할과 내용

블록체인상의 거래는 돈 자체가 이동하는 것은 아니며 어디까지나 기록된 거래 이력에 따라 돈의 움직임을 나타내는 것으로, 그 원리는 복식부기 장부와 같다.

비트코인을 예로 설명해 보자. 「트랜잭션transaction」은 블록체인상에서 이루어지는 송금 등의 '거래'를 의미한다. 체인상에서 코인이 이동하는 것은 아니고, 트랜잭션 데이터의 이동은 어떤 지갑 어드레스에 들어 있던 코인을 다른 지갑 어드레스로 이동시키라는 지시가 기재된 이력으로 표현된다.

트랜잭션에는 'INPUT(인풋)'과 'OUTPUT(아웃풋)'이라고 불리는 2종류의 데이터가 존재한다. INPUT은 송금하는 사람이 가진 코인의 잔액이며 OUTPUT은 수취하는 측의 금액이나 코인을 수취하기 위한 어드레스가 기록되어 있다.

## 트랜잭션이란 어떤 것인가?

보내는 사람

**INPUT**

A의 전자서명과 공개키

지갑 어드레스의 잔액 합계
3000

일단 모두 송부

송금자의 지갑 어드레스 미사용 잔액(UTXO, Unspent Transaction Output) 합계는 자신이 쓸 수 있는 돈의 상한액이다. 송금을 위해서 트랜잭션을 만들 때는 UTXO를 이용하는데 예를 들어 1만 원을 보내는 경우, UTXO에 1만 원 이상의 예산이 없으면 송금할 수 없다. INPUT에 충분한 금액을 두고, OUTPUT에는 상대의 지갑 어드레스로 송금할 금액과 자신의 지갑 어드레스로 보낼 잔액(송금 후 남는 금액)을 배치한다. 트랜잭션의 내용은 INPUT과 OUTPUT의 합계가 항상 같아야 하고, 이것은 복식부기 장부에서 '차변'과 '대변'에 같은 금액이 기재되는 것과 같은 이치다.[*]

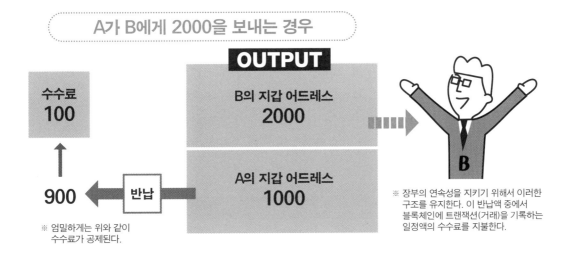

### A가 B에게 2000을 보내는 경우

**OUTPUT**

B의 지갑 어드레스
**2000**

A의 지갑 어드레스
**1000**

수수료
**100**

**900** ← 반납

※ 엄밀하게는 위와 같이 수수료가 공제된다.

※ 장부의 연속성을 지키기 위해서 이러한 구조를 유지한다. 이 반납액 중에서 블록체인에 트랜잭션(거래)을 기록하는 일정액의 수수료를 지불한다.

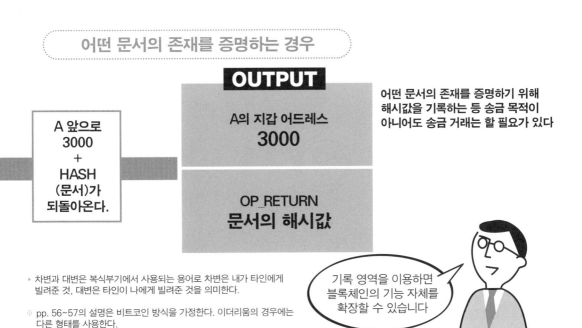

### 어떤 문서의 존재를 증명하는 경우

**OUTPUT**

A의 지갑 어드레스
**3000**

OP_RETURN
**문서의 해시값**

A 앞으로
**3000**
+
**HASH**
(문서)가
되돌아온다.

어떤 문서의 존재를 증명하기 위해 해시값을 기록하는 등 송금 목적이 아니어도 송금 거래는 할 필요가 있다

* 차변과 대변은 복식부기에서 사용되는 용어로 차변은 내가 타인에게 빌려준 것, 대변은 타인이 나에게 빌려준 것을 의미한다.

※ pp. 56~57의 설명은 비트코인 방식을 가정한다. 이더리움의 경우에는 다른 형태를 사용한다.

기록 영역을 이용하면 블록체인의 기능 자체를 확장할 수 있습니다

# 08 블록체인 기술에 없어서는 안 되는 해시함수란?

이미 인터넷에서 일반적으로 파일의 동일성 확인 등을 위해 널리 이용되는 「해시함수」는 블록체인에 있어서 중요한 기술이다. 그 기술 알고리즘이 비트코인 등 가상자산에서 변조 방지 역할을 한다.

해시함수란 입력된 데이터를 계산해서 전혀 다르게 고정된 길이의 데이터를 도출하는 계산법으로, 이를 통해 얻은 수치나 문자열을 '해시값'이라고 부른다. 해시함수는 가상자산만이 아니라 인터넷에서 널리 사용되는데, 예를 들면, 어떠한 사이트에 패스워드를 사용해 로그인할 때 패스워드는 해시화되어 저장된다.

해시함수에는 4가지 특징이 있다. ① 해시값으로부터 원래 입력값을 구할 수 없다. 원래의 데이터를 산출해 내려면 랜덤값을 입력해 우연히 같은 결과를 얻을 때까지 반복해야 하므로 후보 값이 무한해지기 때문이다. ② 입력이 1비트라도 다르면 전혀 다른 값이 된다. 따라서 데이터가 변조되면 해시값이 전혀

## 해시함수란 어떤 것인가?

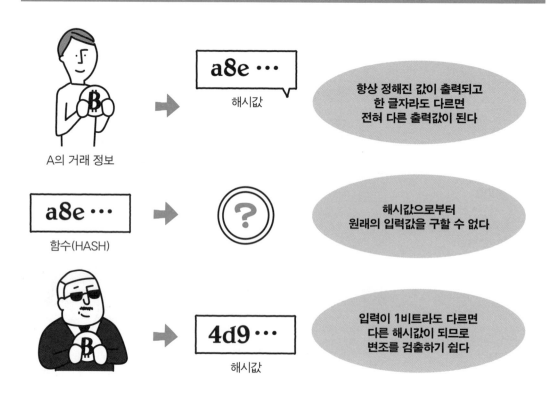

A의 거래 정보 → a8e···  해시값

항상 정해진 값이 출력되고 한 글자라도 다르면 전혀 다른 출력값이 된다

a8e··· 함수(HASH) → ?

해시값으로부터 원래의 입력값을 구할 수 없다

4d9··· 해시값

입력이 1비트라도 다르면 다른 해시값이 되므로 변조를 검출하기 쉽다

다른 값이 되므로 바로 알게 된다. ③ 값은 항상 고정된 길이가 되기 때문에 큰 데이터도 해시값으로 저장해 두면 크기가 작아진다. ④ 해시함수에는 충돌 내성이 있다. '충돌'은 다르게 입력 된 데이터가 우연히 같은 값이 되는 것을 말하는데, 해시함수는 이 가능성이 천문학적으로 낮게 설계되어 있다.

이런 구조에 대항해서 부정한 방법으로 데이터를 변조해 계산하려고 해도 애초에 불가능하거나 막대한 예산이 들게 된다. 경제적인 측면에서 변조하기 어렵게 하는 기술도 가상자산을 지키는 포인트다.

## 해시함수에도 약점이 있다고?

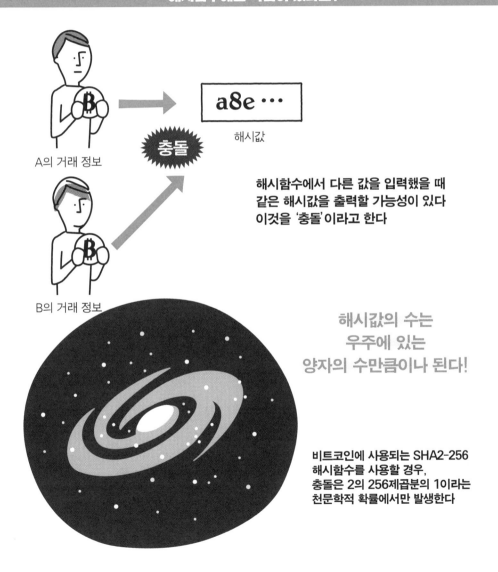

A의 거래 정보

**충돌**

a8e ···

해시값

B의 거래 정보

**해시함수에서 다른 값을 입력했을 때
같은 해시값을 출력할 가능성이 있다
이것을 '충돌'이라고 한다**

**해시값의 수는
우주에 있는
양자의 수만큼이나 된다!**

**비트코인에 사용되는 SHA2-256
해시함수를 사용할 경우,
충돌은 2의 256제곱분의 1이라는
천문학적 확률에서만 발생한다**

# 09 NFT 거래에 필수불가결한 지갑의 구조

가상자산이나 NFT 비즈니스에 없어서는 안 되는 것이 「지갑」이다. 매우 편리한 기능이 있지만, 편리성과 안전성을 모두 누리기 위해서는 여러 특성을 검토하여 사용하는 것이 중요하다.

「지갑」이란 좁은 의미로는 '비밀키'를 관리하는 것이며, 넓은 의미로는 비밀키를 적용하는 어드레스에 보관된 잔액 조회, 잔액을 이용한 송금 기능을 가진 애플리케이션으로 모바일 앱이나 웹 서비스 같은 형태로 이용할 수 있다. 비밀키는 타인에게 알려진다면 소유하고 있는 가상자산 등을 빼앗겨 버리기 때문에, 안전하게 관리할 필요가 있다. 그 외에도 지갑에는 '비밀키'와 '공개키'를 기반으로 도출된 어드레스의 생성이나, 트랜잭션의 발행 기능도 있다. 이 기능을 사용하면 가상자산을 안전하게 이동시킬 수 있다.

## 거래에 필요한 지갑의 기능은?

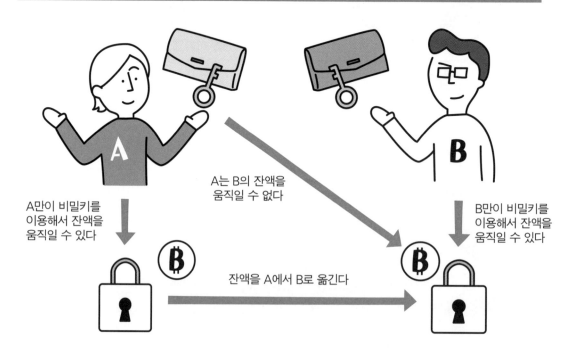

A만이 비밀키를 이용해서 잔액을 움직일 수 있다

A는 B의 잔액을 움직일 수 없다

B만이 비밀키를 이용해서 잔액을 움직일 수 있다

잔액을 A에서 B로 옮긴다

**잔액을 이동시킬 때 이용하는 비밀키는 지갑에서 관리할 수 있다**

지갑이 네트워크에 연결되어 있는지 아닌지로 구분하면, 온라인 환경에서 이용되는 것은 「핫 지갑hot wallet」이다. 용도는 다양하지만, 네트워크에 연결되어 있어서 악의적인 공격을 받을 수 있다. 반면 「콜드 지갑cold wallet」은 오프라인 환경의 지갑으로 네트워크에서 분리되어 안전하게 보관할 수 있지만, 즉시 송금은 어렵다. 지갑을 편리하면서도 안전하게 사용하기 위해서는, 이 두 가지 특징을 잘 알고 나누어 사용할 필요가 있다.

## 핫 지갑과 콜드 지갑의 차이

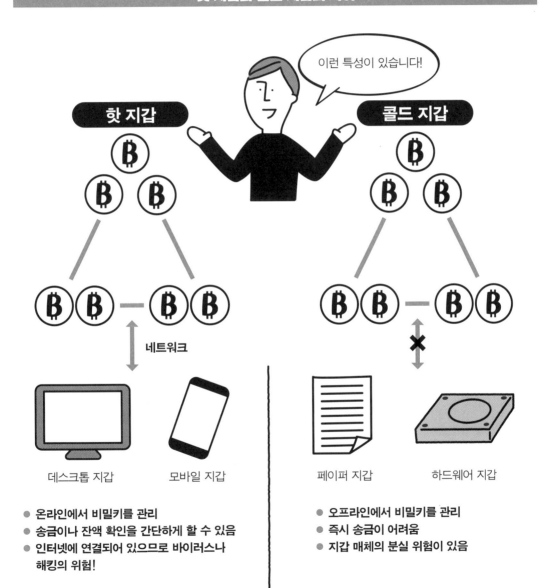

이런 특성이 있습니다!

핫 지갑

콜드 지갑

네트워크

데스크톱 지갑 모바일 지갑

페이퍼 지갑 하드웨어 지갑

- 온라인에서 비밀키를 관리
- 송금이나 잔액 확인을 간단하게 할 수 있음
- 인터넷에 연결되어 있으므로 바이러스나 해킹의 위험!

- 오프라인에서 비밀키를 관리
- 즉시 송금이 어려움
- 지갑 매체의 분실 위험이 있음

# 10   거래 창구 기능을 하는 지갑 앱

가상자산의 거래를 위해 반드시 만들어야 하는 지갑 앱은 블록체인에서 어떠한 역할을 할까?

지갑의 기능은 스마트폰 등으로 가상자산을 관리하는 「지갑 앱」으로 쉽게 알 수 있다. 지갑 앱에서는 잔액 집계나 전자서명, 트랜잭션의 작성, 네트워크로의 전송이 이루어진다. 블록체인 자체는 거래 데이터를 축적할 뿐이므로, 디지털 거래를 편리하게 하기 위해서는 잔액의 기록과 송금을 지원하는 지갑 앱이 필수적이다.

현재 비트코인의 경우에는 거래의 안전성 등의 관점에서 1개의 지갑 앱에 여러 개의 「지갑 어드레스」가 있는 것이 일반적인 사용 방식이다.

## 지갑 앱이 거래 창구로!

지갑 앱은 자신의 지갑 어드레스를
관리하고 잔액 조회나 송금 등
거래를 지원하는 도구입니다

### 지갑 앱의 기능

● 키 페어의 생성과 보관

● 지갑 어드레스의 생성

35thRQ…

지갑 어드레스는
편리하구나~

지갑 앱은 거래마다 지갑 어드레스를 만들기 때문에 거래 수에 따라서 여러 개의 어드레스를 관리해야 하지만, 지갑 앱이 자동으로 작업해 주어서 사용자는 번거로움 없이 이용할 수 있다. 블록체인의 거래 기록은 누구나 볼 수 있으므로 만약 하나의 어드레스로 여러 번 거래하면 자산을 빼앗으려는 사람에게 노출되어, 지갑 어드레스의 안전성이 위협받을 수 있다. 그런 이유로 지갑은 복수의 어드레스를 사용하여 개인정보를 보호하고 있다.*

* 비트코인의 경우에만 관행적으로 이렇게 사용하고, 이더리움 및 타 블록체인에서는 동일한 어드레스를 유지한다.

● 지갑 어드레스에 기록된 잔액의 집계

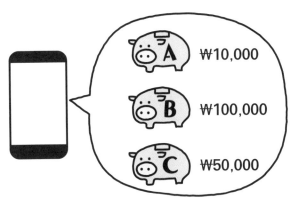

비트코인의 경우, 1개의 지갑 앱에 여러 개의 지갑 어드레스가 있는 것이 일반적이다. 거래 기록은 누구나 볼 수 있으므로 하나의 어드레스가 활발하게 운용되면 지갑을 노리는 사람에게 노출되기 쉽다

● 트랜잭션 작성 및 전자서명

● P2P 네트워크의 접속과 트랜잭션의 전송

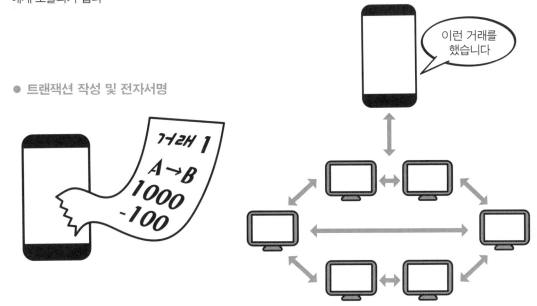

# 11 블록체인의 장단점

블록체인이 신용 있는 기초 기술이라 평가받는 이유는 무엇일까? 블록체인은 참가자로부터 승인받은 정보를 기록하고, 변조가 거의 불가능한 상태로 전체 시스템이 영원히 가동되는 거래 이력을 보관한다. 이 시스템에서 주목해야 할 점은 서비스를 제공하는 사업자나 시스템 관리자도 기록한 데이터를 변경할 수 없다는 것이다.

중앙 집권형의 일반적인 데이터 기록 시스템의 경우라면 어떤 변경도 할 수 있는 특권적 지위의 관리자가 있지만, 퍼블릭 체인인 블록체인에는 그러한 존재가 없다. 반대로 말하면, 그래서 '신뢰할 수 있는' 가상자산의 기초 기술로써 이용할 수 있다.

블록체인은 암호 기술을 응용하여 기록된 데이터가 올바르다고 증명할 수 있다. 이것은 서비스 사업자

## 블록체인에는 장점도 단점도 존재한다

### 장점

● **관리자 없이 계약 처리를 실행한다
'스마트 콘트랙트'**

관리자

● **시스템이 영원히 가동된다**

24시간 365일
가동

● **데이터를 변조할 수 없다**

나 다른 참가자의 '신용'에 관계없이, 안심하고 거래를 할 수 있음을 나타낸다.

이러한 특성은, 장점도 단점도 된다. 상거래 데이터를 기록하는 비즈니스용으로는 적합하지만, 예를 들면「개인정보」를 축적해 가는 용도로는 적합하지 않다. 그러므로 블록체인이 가진 장단점의 특성을 고려하고, 이를 살려서 사용하지 않으면 안 된다.

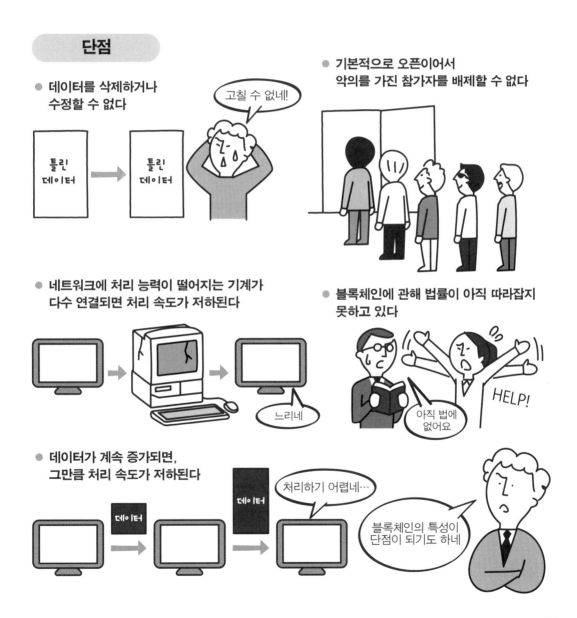

# 12 NFT와 가상자산의 차이점은 무엇인가?

블록체인상에서 가치를 공유할 수 있는 가상자산(대체가능토큰)이나 디지털상의 유일물인 NFT(대체불가토큰) 등 새로운 상품이 계속해서 만들어지고 있다. 이 둘에는 어떠한 차이가 있을까?

블록체인상에서 발행되는 토큰은 대략 「FT(Fungible Token, 대체가능토큰)」와 「NFT(Non-Fungible Token, 대체불가토큰)」로 나눌 수 있다.

FT는 블록체인상에서 거래되는 비트코인처럼 가치를 공유할 수 있는 대체 가능한 토큰이다. 반면에 NFT는 블록체인 게임에서 주로 활용되는 유일무이의 가치를 지닌 대체불가토큰이다. 미술품과 같은 '유일한 것'이라고 생각하면 쉽게 이해할 수 있다. 최근에는 뮤지션인 사카모토 류이치가 자신의 음악을 한 음씩 분할한 컬렉터블 NFT를 발매하거나, 게임사인 코나미KONAMI가 과거 작품의 게임 장면이나

## 가상자산과 NFT는 어떻게 다른가?

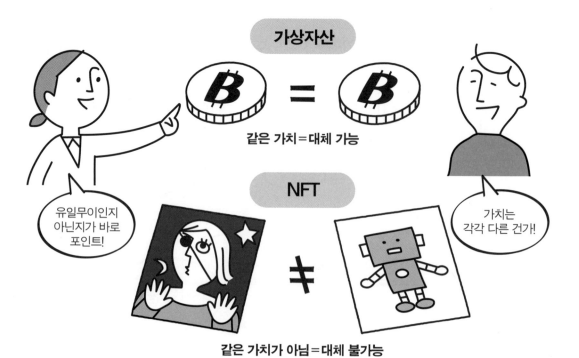

가상자산

같은 가치＝대체 가능

NFT

유일무이인지 아닌지가 바로 포인트!

가치는 각각 다른 건가!

같은 가치가 아님＝대체 불가능

BGM, 메인 비주얼을 이용한 NFT 아트를 판매해서 화제가 되었다.

NFT는 오리지널을 어디에 보관하고 있는지 기록이 있고, 네트워크상에서 누구라도 이 정보를 확인할 수 있는 구조여서, 유일한 것임을 증명하는 감정서 기능도 있다. 이러한 기술은 디지털 데이터에 유일성을 부여하므로, 게임 이외에 회원권이나 부동산의 소유권 증명, 저작권이나 아트 등 다양한 분야에서 실용화가 검토되고 있다.

이런 NFT가 인기!

1만 엔

16만 달러

〈전장의 메리크리스마스〉는 한 음이 10000엔(약 10만 원)으로 서버가 다운될 정도로 인기 〈악마성 드라큘라〉의 기념 픽셀아트는 총액으로 16만 달러(약 1억9천만 원) 이상으로 판매됐습니다

갖고 싶다…

# 13 NFT를 새롭게 발행하는 행위인 민트란?

대체불가토큰을 「민트$^{Mint}$」함으로써 NFT 시장의 규모를 더욱 확대해 간다는 말을 자주 접하게 된다. 민트라는 단어는 어떤 개념일까?

우선 스마트 콘트랙트란 블록체인상에서 계약 내용을 자동으로 실행하는 것을 말한다. NFT에서 민트란, 스마트 콘트랙트를 사용하여 NFT를 새롭게 작성, 발행하는 것을 의미한다. 민트라는 말은 녹은 금속을 틀에 부어 넣어 성형하는 주조, 민팅$^{Minting}$에서 유래했다. 주조되는 동전과 같이 새롭게 NFT를 만들어 내는 것이라고 할 수 있다.

일반적으로 NFT의 판매는 아트 작품이나 음악과 같은 유일무이한 오리지널 콘텐츠를 마켓플레이스상에 업로드함과 동시에 이루어진다. 그렇게 NFT를 발행하면 모든 거래 기록이 블록체인상에 직접 기록

## 「민트」의 의미는?

디지털 아트

Minting(주조)이
단어의 유래인 거네

Mint
=
NFT를
발행하는 것

NFT 아트에!

되는 '온 체인On-chain' 상태가 된다. 다시 말하면, 민트는 오리지널 콘텐츠를 NFT 마켓플레이스에 업로드하여 NFT를 발행하고 그 정보가 '온 체인'이 된 상태를 가리키는 것으로, 'NFT를 새롭게 발행·작성'하는 것을 말한다.

NFT 마켓플레이스는 국내외에서 NFT를 거래할 수 있는 전용 플랫폼이다. 다양한 사업자가 개설하지만, 그중에서도 「오픈시OpenSea」(Chapter 3 참조)가 세계 최대의 NFT 마켓플레이스다. 오픈시는 다양한 블록체인을 지원해서 아트 및 음악 외에도 게임 아이템, 라이브 티켓, 가상공간의 토지 등이 거래된다.

## 마켓플레이스는 이런 느낌

# 14 NFT에 없어서는 안 될 스마트 콘트랙트와 이더리움

현재, NFT는 게임이나 아트 분야에서 활약이 두드러지지만 향후 소유권이나 신분 증명, 저작권 비즈니스 분야에서 실용화가 진행될 것으로 예측된다.

가치를 거래하는 가상자산에 대해 NFT는 디지털 데이터를 '보유할 권리'를 교환할 수 있도록 자산화한다. NFT는 마켓플레이스상에서 자유롭게 양도할 수 있으며, 교환과 동시에 블록체인상의 소유자 정보가 바뀐다. 이러한 NFT 거래에 필수적인 기술이 「스마트 콘트랙트」다. 이것은 블록체인상에서 미리 설정된 규칙에 따라 사전 정의에서 결제에 이르기까지 거래에 관한 계약을 자동으로 실행하는 구조를 말한다.

그리고 이 스마트 콘트랙트 기능을 구현한 분산형 애플리케이션 플랫폼으로 「이더리움」이 널리 활용되고 있다. 이더리움은 블록체인상에 애플리케이션 기록이나 계약 내용을 보존할 수 있는 기능을 갖추고

## 스마트 콘트랙트란 무엇인가?

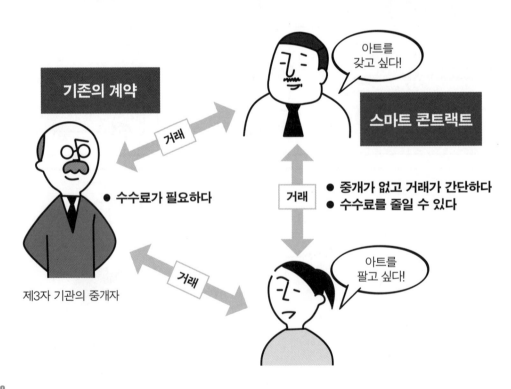

기존의 계약

아트를 갖고 싶다!

스마트 콘트랙트

거래

● 수수료가 필요하다

제3자 기관의 중개자

거래

● 중개가 없고 거래가 간단하다
● 수수료를 줄일 수 있다

거래

아트를 팔고 싶다!

있고, 그 실용성도 높아서 NFT 거래는 물론, 현재 주목받는 분산형 금융「디파이<sup>DeFi</sup>」도 이더리움의 플랫폼을 기반으로 만들어지는 것이 일반적이다.

이더리움 플랫폼에서 사용되는 가상자산은 정확하게는「이더<sup>ETH</sup>」라고 하며, NFT 거래에서 가상자산 지불로도 사용되는 등 가치도 높아 이더리움은 현재 비트코인에 이어서 시가총액이 높은 가상자산이 되었다. 향후 NFT의 지명도가 더 올라가면 이더리움의 가격은 더 상승할 가능성이 있다.

# 15 비트코인과 이더리움의 결정적인 차이

2008년, 사토시 나카모토라는 인물이 제출한 보고서로 탄생한 비트코인으로 블록체인 기술의 지명도는 단번에 올라갔다. 그리고 블록체인 기술은 이더리움으로 그 활용의 폭을 넓혀가고 있다.

세계 최초의 블록체인은 비트코인, 즉 가상자산을 위해 개발되었지만, 점차 가상자산을 위한 것만이 아닌, 다양한 기능으로 다른 분야에 응용하고자 하는 방향으로 발전되었다. 그런 가운데 복잡한 애플리케이션을 개발하고 실행할 수 있는 범용적인 플랫폼으로 개발된 「이더리움」은 체인의 여러 가능성을 단번에 넓혔다.

이더리움은 캐나다 대학생인 비탈릭 부테린<sup>Vitalik Buterin</sup>이 개발했다. 그 콘셉트는 가상자산 전용이 아니라 멈추지 않고 24시간 자율적으로 계속 움직이는 지극히 '범용성 높은' 컴퓨터를 목표로 했다. 부테린은

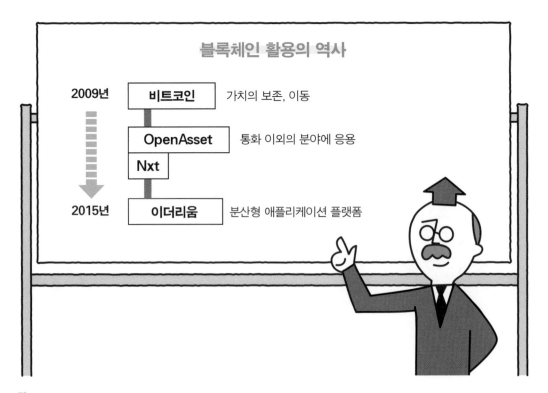

**이더리움이 탄생하기까지**

**블록체인 활용의 역사**

| 2009년 | 비트코인 | 가치의 보존, 이동 |
| | OpenAsset / Nxt | 통화 이외의 분야에 응용 |
| 2015년 | 이더리움 | 분산형 애플리케이션 플랫폼 |

이더리움을 '월드 컴퓨터'라고 표현했다.

이더리움이 비트코인과 크게 다른 점은 복잡한 프로그램을 실행할 수 있게 하고, 프로그램 개발을 위해 일반 프로그래머도 쉽게 사용하는 'Solidity' 등의 프로그래밍 언어가 몇 가지 존재한다는 것이다. 그러므로 개발자는 Solidity로 프로그램을 만들고 블록체인상에서 동작시킬 수 있다.

이더리움의 등장으로 스스로 독자적인 체인을 개발하지 않고, 이더리움 체인상에서 다양한 토큰이나 오리지널 가상자산을 간단하게 작성할 수 있게 됨으로써 새로운 가상자산이 폭발적으로 증가하게 되었다.

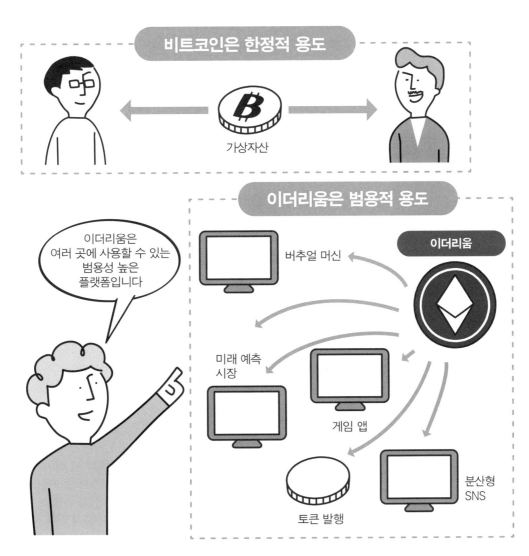

## 비트코인과 이더리움은 무엇이 다를까?

### 비트코인은 한정적 용도

가상자산

### 이더리움은 범용적 용도

이더리움은
여러 곳에 사용할 수 있는
범용성 높은
플랫폼입니다

버추얼 머신

이더리움

미래 예측
시장

게임 앱

토큰 발행

분산형
SNS

# 16 NFT에서 이더리움을 이용할 때의 과제

지금까지 설명한 대로 이더리움은 다양한 애플리케이션에 활용되고 있는 범용형의 블록체인이다. 이 블록체인 기술로 만들어진 NFT를 활용함으로써 서비스 간 거래, NFT 보유자끼리 커뮤니케이션 등 콘텐츠 유통을 중심으로 한 새로운 시대가 열릴 것으로 기대한다. 그러나, 이런 범용형 블록체인에 폭넓은 유형의 일반 참여자가 이용하는 데는 큰 문제도 있다.

일반 참가자가 NFT를 이전할 때 네트워크 수수료를 이더리움으로 지불해야 한다. 이 수수료는 「가스비」라고 불리는데, 이더리움 자체의 가치가 급등함에 따라 가스비도 급등하는 문제가 생겼다.

다시 말하면 NFT의 거래를 하려면 참가자는 가스비 지불을 위해 일부러 이더리움을 입수, 구매할 필요

**가상자산을 송금하려면 가스비가 든다**

가 생기고, 반대로 이더리움에 전혀 흥미가 없는 일반인은 높은 가스비 때문에 NFT에 참여하는 데 벽이 매우 높아진 것이다.

또한 이더리움 블록체인은 높은 범용성 때문에 NFT 이외에도 가상자산 개발이나 다양한 애플리케이션 개발에 응용되고 있다. 그 결과, 차량 정체처럼 네트워크가 혼잡한 상태가 되고 이것도 가스비 급등의 원인이 되고 있다. 이더리움은 아직 개선의 여지가 있어 「이더리움 2.0」 등 향후 개발이 기대된다.

## 리미트(Gas Limit) × 가스 단가 = 가스비

**①** 리미트(가스 소비량)를 설정
복잡한 거래로 가스의 소비량이 정해진다

**②** 참가자가 송금을 승인하면,
블록체인의 블록 생성 시에 가스를 소비한다

**③** 소비한 가스는 채굴 수수료로
채굴자에게 전액 지불된다

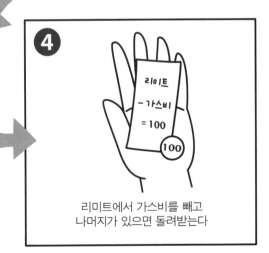

**④** 리미트에서 가스비를 빼고
나머지가 있으면 돌려받는다

# 17 NFT 활성화를 위한 블록체인 개발

일반 참가자가 NFT에 참가하려고 하면 이더리움의 가스비가 비싸다는 점 등 여러 면에서 장애물을 만나게 된다. 이것들을 해소하기 위해서 플랫폼들이 여러 방면으로 지원하고 있는데 이를 위해 개발된 것이 'NFT 특화형 블록체인'이다. 이것은 일반 참가자가 부담 없이 NFT를 사용할 수 있도록 고안된 시스템으로, NFT 이전 시에 가스비가 발생하지 않도록 하여 참가자는 수수료를 고려하지 않고 블록체인의 서비스나 NFT를 부담 없이 이용할 수 있다.

또한 NFT가 여러 개의 블록체인을 왕래할 수 있는 크로스 체인의 기능은 사업자가 안심하고 NFT 사업을 시작하는 수단이 된다.

## NFT 특화형 블록체인

덧붙여 NFT 플랫폼에서 제공하는 서비스 안에서 발행되는 「자체 토큰」이 주목받고 있다. 토큰은 기존의 블록체인 기술에서 만들어지는 일종의 암호화폐로, 예를 들면 게임 내에서 사용되는 독자적인 통화를 가상자산 거래소에서 일정의 비율로 비트코인 등과 교환할 수 있다. 이러한 여러 가지 아이디어나 기능의 개발은 여러 사람이 NFT를 즐길 수 있도록 한다.

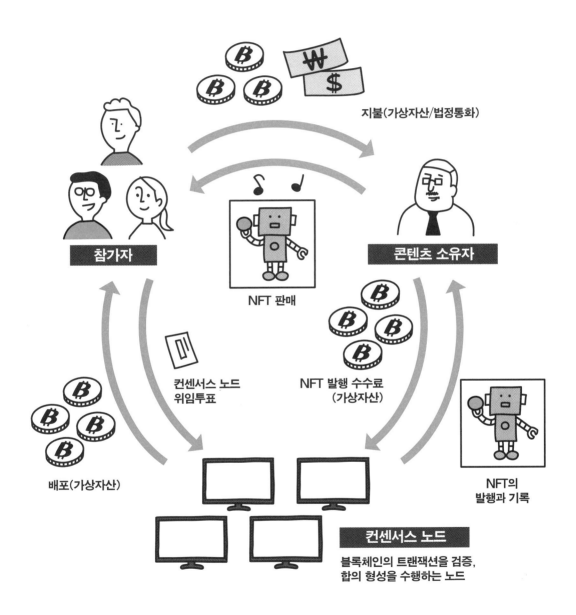

지불(가상자산/법정통화)

참가자

NFT 판매

콘텐츠 소유자

컨센서스 노드
위임투표

NFT 발행 수수료
(가상자산)

배포(가상자산)

NFT의
발행과 기록

컨센서스 노드

블록체인의 트랜잭션을 검증,
합의 형성을 수행하는 노드

## ● DX ▶ p.45

디지털 트랜스포메이션(Digital Transformation)의 약어로 2004년에 스웨덴 경제학자 에릭 스톨터만이 제창한 용어. 디지털 기술을 이용함으로써 생활이나 비즈니스 형태가 변용해 가는 것을 의미한다. DX화와 IT화는 디지털 기술을 이용한 변혁을 목표로 한다는 점에서는 같지만 큰 차이가 있다. 예를 들면, 기업에 있어 IT화는 기존의 업무 프로세스를 효율화하기 위한 수단이지만, DX화는 넓은 시야에서 보면 제품이나 서비스, 혹은 비즈니스 모델의 근본적 변혁을 목표로 한다. 이 차이는 작은 것이 아니다. 현대의 기업경영은 기술혁신을 어떻게 이용하는지가 성공의 큰 열쇠지만, 경영전략의 DX화는 단순히 최신 기술을 사용하는 것만이 아니라 사회 전체의 변화에 대응하는 관점에서 혁신적 문제다.

## ● 탈중앙화 ▶ p.46

정부나 기업과 같은 강한 운영 모체 없이, 개인 간의 관계로 조직을 공동 운영하는 형태. 비트코인의 탄생 이후 블록체인 업계에서 이 탈중앙화라는 형태가 주목받고 있다. 탈중앙화에 주목하는 이유는 의사 결정이 투명하고 민주적이라는 점을 들 수 있다. 중앙집권 조직에서는 의사 결정은 소수의 사람이 하고, 그 과정도 대부분 알려지지 않는다. 그에 비해 탈중앙화 조직에서는 다수결로 의사가 결정되며 그 과정도 명백하다. 이것이 탈중앙화의 큰 장점이다. 또한 특정 운영자에게 의존하지 않는다는 점에서, 특정 인물이 운영에 관여하지 않게 되어 프로젝트가 정지해 버릴 위험이 적은 것도 장점이다. 하지만 의사 결정의 속도가 느리거나 논의가 분열되어 통합이 어려울 수 있다는 점은 탈중앙화 시스템의 단점이다.

## ● P2P ▶ p.48

불특정 다수의 참가 컴퓨터(노드)가 중앙관리 서버를 통하지 않고, 노드끼리 직접 데이터를 공유할 수 있는 네트워크의 통신 기술. P2P는 Peer to Peer의 약칭. 클라이언트 서버 시스템이라고 불리는 기존의 통신시스템은 네트워크에서 노드 간의 통신은 서버를 통해 이루어지고 다른 노드와의 직접적인 데이터 공유는 할 수 없었다. 이 문제점을 해결한 것이 P2P 구조. P2P의 장점은 데이터의 분산 관리가 뛰어나고, 처리 속도가 떨어지기 어려우며, 익명성 확보에 뛰어나다는 것이다. P2P에는 세 종류가 있다. 클라이언트끼리만 접속해 정보를 공유하는 「퓨어 P2P」, P2P 네트워크에 서버를 이용하는 「하이브리드 P2P」, 뛰어난 처리 능력과 통신회선이 안정된 노드가 네트워크에 접속한 몇 개의 노드를 선택해, 그 노드의 정보를 관리하는 「슈퍼노드형 P2P」이다.

## ● 분산 시스템 ▶ p.49

많은 컴퓨터를 네트워크로 연결해 작업을 분담하여 가동하는 운영체제. 복수의 노드가 네트워크상에서 서로 연결되어 처리를 분산할 수 있다. 기존에 사용하던 집중 시스템은 대용량의 데이터 처리가 가능하고, 운영 면이나 보안 면에서의 관리가 쉽다는 장점이 있지만, 중앙관리를 하는 컴퓨터에 부하가 크고, 고장 나면 시스템 전체가 정지되어 수리에 시간이 걸린다는 단점이 있었다. 이 문제를 해결하기 위해 도입된 것이 분산 시스템이다. 분산 시스템에는 2가지 형태가 있다. 역할이 다른 컴퓨터를 계층적으로 배치하는 '수직형 분산 시스템'과 거의 같은 역할의 컴퓨터를 대등한 형태로 접속하는 '수평형 분산 시스템'이다.

## ● 작업증명(PoW) ▶ p.51

비트코인 등 가상자산의 거래나 송금 등을 블록체인에 정확하게 기록하기 위한 구조. 가상자산을 지탱하는 대부분 시스템은 중앙 관리기관이 존재하지 않아서 중앙관리자 없이도 쉽게 데이터 변조를 할 수 없는 구조가 필요하다. 그 때문에 중요해진 개념이 작업증명(Proof of Work)이다. 이것은 블록체인상에 올바른 거래를 기록하고 승인해 가는 방법으로, 방대한 계산이 필요한 문제를 최초로 푼 참가자에게 다음 블록을 만들 권한과 보상으로 소정의 비트코인을 주는 구조로, 문제를 푸는 활동을 '채굴'이라고 부른다. 이때 올바른 정보를 블록으로 연결하지 않으면 그 후에 블록을 계속 연결하려는 채굴자가 나타나지 않으며, 보상으로 받을 예정이던 비트코인도 없었던 것이 되어 버리므로 채굴자들은 올바른 정보를 포함한 블록을 연결할 것이다. 이처럼 작업증명(PoW)은 경제적 인센티브를 이용한 구조를 갖추고 있다.

## ● 지분증명(PoS) ▶ p.51

가상자산의 거래나 송금 등을 블록체인에 정확하게 기록하기 위한 구조. 'Proof of Stake=지분금의 증명'이라는 말이 나타내듯이, 지분증명은 가상자산에 대한 지분금, 즉, 보유량이 많을 수록 데이터의 덩어리인 블록을 블록체인으로 연결하는 역할을 얻기 쉬워지는 구조다. 비트코인은 PoS(지분증명)가 아닌 PoW(작업증명) 방식이지만, 일부 가상자산은 PoS를 도입했다. 이더리움도 PoW에서 PoS로 바꾸는 것을 계획하고 있다. 지분증명은 작업증명의 문제점을 개선하여 강력한 머신 파워 없이 채굴하는 것이 가능하다는 장점이 있다.

## ● UTXO ▶ p.57

Unspent Transaction Output(미사용 거래 출력)의 약어. 비트코인 등에서 채용하는 잔액 관리 구조이며, 또한 그 구조 안에서 잔액 파악 시에 사용되는 미사용의 가상자산을 말한다. 블록체인상에는 각각의 어드레스가 보유하고 있는 잔액이 직접 기록되는 것이 아니라 각각의 거래용으로 어느 어드레스에서 어느 어드레스로 얼마만큼의 가상자산이 보내졌는가 하는 정보가 기록되어 있을 뿐이다. 여기서 송금의 원금이 되는 것이 UTXO이며, 그 결과 송금을 받은 어드레스에 남는 것이 새로운 UTXO가 된다. 어떤 어드레스의 잔액은 블록체인상에 기록되어 있는 해당 어드레스에 관한 UTXO의 증감을 총계하는 것으로 구할 수 있다. 이러한 구조에 따라 각각의 거래 시에 하나하나 잔액을 파악할 필요가 없고 블록체인상에는 단순한 출입만을 복식부기의 요령으로 기록하면 되어 거래 기록을 효율적으로 관리할 수 있다.

## ● 이더리움 2.0 ▶ p.75

블록체인 이더리움 1.0의 업그레이드로 추진되고 있는 것. 기존과 비교하여 탈중앙화의 유지와 전력소비량 절감을 실현하면서 보안과 확장성 모두를 높이는 것을 목표로 개발 중이다. 이더리움은 다양한 애플리케이션을 구축할 수 있는 연산 기능이 있어서 '월드 컴퓨터'라고 불린다. DApps(분산형 애플리케이션)나 가상자산, 나아가 가상자산 교환소의 구축까지 폭넓은 용도로 응용되며 앞으로도 더욱 다양한 활용이 기대되지만, 현재의 컨센서스 알고리즘에는 처리 능력에 한계가 있어 그 한계를 극복하기 위해 이루어지는 업데이트가 바로 이더리움 2.0이다. 이것은 새로운 블록체인으로 형성하는 방법을 실시하기 위해 작업증명(PoW)에서 지분증명(PoS)으로 변경, 부하 분산 시스템인 샤딩(Sharding)의 도입 등을 실행하고자 한다.

# CHAPTER 3

## 실전 돌입!
# NFT로 이익을 내는
# 최단 스텝

개인이 NFT 비즈니스를 하려면
여러 단계를 밟아야 합니다.
이 장에서는 NFT 비즈니스 실전에서
최단으로 이익을 내는 힌트를 소개합니다.

# 01 NFT는 어디서 살 수 있을까?

NFT의 구매나 발행을 생각하고 있다면, 어디에서 하면 될까? 그 답은 NFT 마켓플레이스다. NFT의 세계적인 트렌드와 함께 마켓플레이스 역시 급증하고 있다. 이것은 아티스트 등 크리에이터가 제작한 NFT를 판매(1차 유통)하거나 자신이 보유하고 있는 NFT를 이용자끼리 가상자산으로 매매(2차 유통)할 수 있는 NFT의 매매 플랫폼을 말한다. 따라서 마켓플레이스에서는 NFT를 제작하거나 발행, 제작한 NFT를 판매, 판매되는 NFT를 구매, 구매한 NFT를 재판매하는 4가지 행위가 일어난다.

이처럼 마켓플레이스를 통해서 누구나 자유롭게 NFT를 거래할 수 있다. 마켓플레이스를 선택하는 기준은 원하는 NFT가 있는지, 지원하는 업체가 어디인지, 수수료가 어느 정도 드는지, 신뢰성이 있는지 등과 같은 관점에서 판단한다. 현재 개인이 선택하기에 좋은 대표적인 마켓플레이스는 9곳을 들 수 있다.

## NFT의 마켓플레이스란?

기업(콘텐츠의 권리자)이나 아티스트들이 NFT를 제작

● 수수료는 어느 정도인가
● 지원하는 업체는 어디인가
● 원하는 NFT가 있는가
● 신뢰성이 있는가

판매(1차 유통)

서비스를 이용하는 수수료를 지불

매매

NFT 마켓

사용자 간에도 NFT의 판매, 양도가 가능

어떤 기준으로 마켓플레이스를 선택할까?

그중에 가장 많이 이용되고 있는 오픈시[OpenSea]나, 아트계를 중심으로 취급하는 라리블[Rarible]이 대표적이다. 그 외에 파운데이션[Foundation], 바이낸스[Binance] NFT, VIV3가 있고, 일본에서는 아토믹허브[Atomic Hub], 미무[miime], 나나쿠사[nanakusa], 코인체크[Coincheck] NFT 등이 있다.[*] 마켓플레이스별로 각각의 특징이 있으므로 개개인의 목적에 맞게 선택하면 된다.

## 주요 마켓플레이스

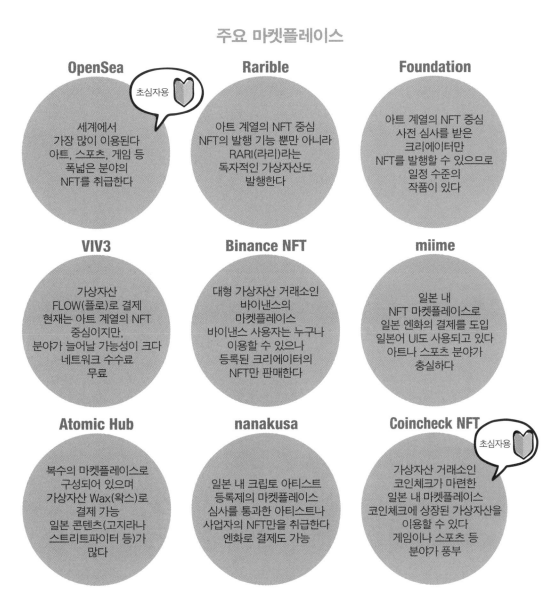

### OpenSea
초심자용

세계에서
가장 많이 이용된다
아트, 스포츠, 게임 등
폭넓은 분야의
NFT를 취급한다

### Rarible

아트 계열의 NFT 중심
NFT의 발행 기능 뿐만 아니라
RARI(라리)라는
독자적인 가상자산도
발행한다

### Foundation

아트 계열의 NFT 중심
사전 심사를 받은
크리에이터만
NFT를 발행할 수 있으므로
일정 수준의
작품이 있다

### VIV3

가상자산
FLOW(플로)로 결제
현재는 아트 계열의 NFT
중심이지만,
분야가 늘어날 가능성이 크다
네트워크 수수료
무료

### Binance NFT

대형 가상자산 거래소인
바이낸스의
마켓플레이스
바이낸스 사용자는 누구나
이용할 수 있으나
등록된 크리에이터의
NFT만 판매한다

### miime

일본 내
NFT 마켓플레이스로
일본 엔화의 결제를 도입
일본어 UI도 사용되고 있다
아트나 스포츠 분야가
충실하다

### Atomic Hub

복수의 마켓플레이스로
구성되어 있으며
가상자산 Wax(왁스)로
결제 가능
일본 콘텐츠(고지라나
스트리트파이터 등)가
많다

### nanakusa

일본 내 크립토 아티스트
등록제의 마켓플레이스
심사를 통과한 아티스트나
사업자의 NFT만을 취급한다
엔화로 결제도 가능

### Coincheck NFT
초심자용

가상자산 거래소인
코인체크가 마련한
일본 내 마켓플레이스
코인체크에 상장된 가상자산을
이용할 수 있다
게임이나 스포츠 등
분야가 풍부

[*] 현재 우리나라에서 애용되는 마켓플레이스는 오픈시, 솔라나 NFT 마켓 등의 외국 NFT 마켓과 국내 NFT 마켓플레이스인 업비트 NFT 마켓, frontrow, 3 space art, kolection, unium 등이 있으며, PIB NFT 등도 오픈할 예정이다.

# 02 NFT를 견인하는 오픈시와 라리블

급속하게 늘어나는 NFT 마켓플레이스 중에 특히 NFT를 견인한다고 할 수 있는 2곳이 있다. 하나는 최대 기업인 「오픈시」이고, 다른 하나는 '투명성'을 내걸고 폭넓은 지지를 받는 「라리블」이다.

오픈시는 뉴욕을 거점으로 하는 세계 최대의 마켓플레이스다. 2017년에 창업한 전통 있는 회사인 데다, 초보자도 쉽게 이용할 수 있도록 알기 쉬운 접근법이 호응을 받아, NFT를 오픈시에서 시작한다고 말하는 사람들을 많이 볼 수 있다. 실제로 출품된 물품 수도 거래액도 넘버원이다. 취급하는 NFT도 아트, 음악, 게임 아이템, 가상공간의 토지, 도메인, 트레이딩 카드, 이벤트 티켓에 이르기까지 다양하다. 판매자는 처음에 등록료를 내면 그 이후는 몇 점을 출품해도 NFT화하기 위한 가스비(수수료)를 내지 않아도 된다. 현재 월간 거래액만도 수십억 달러를 넘는다.

## 업계를 견인하는 2대 마켓플레이스

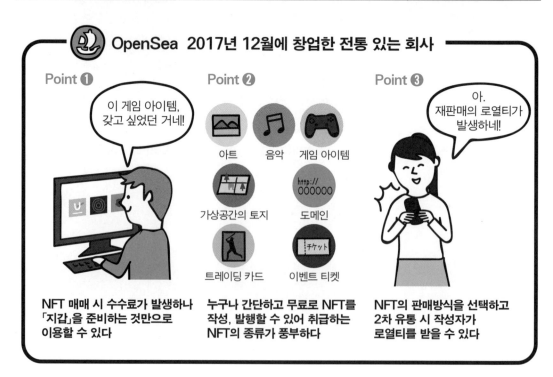

**OpenSea 2017년 12월에 창업한 전통 있는 회사**

Point ❶

이 게임 아이템, 갖고 싶었던 거네!

NFT 매매 시 수수료가 발생하나 「지갑」을 준비하는 것만으로 이용할 수 있다

Point ❷

아트　음악　게임 아이템

가상공간의 토지　도메인

트레이딩 카드　이벤트 티켓

누구나 간단하고 무료로 NFT를 작성, 발행할 수 있어 취급하는 NFT의 종류가 풍부하다

Point ❸

아. 재판매의 로열티가 발생하네!

NFT의 판매방식을 선택하고 2차 유통 시 작성자가 로열티를 받을 수 있다

라리블은 2019년 아트 전문으로 러시아계 창업자가 만들었다. 현재는 게임 아이템이나 가상공간의 토지 등까지 취급하며 오픈시에 버금가는 월간 거래액을 자랑하고 있다. 라리블의 특징은 무엇보다도 조직의 투명성이다. 독자적인 가상자산 'RARI(라리)'를 발행하여 출품하거나 구매함으로써 라리를 입수할 수 있다. 라리를 얻은 사용자는 투표권을 가지고 자율 분산형 조직을 지향하는 라리블 운영에 참여할 수 있다.

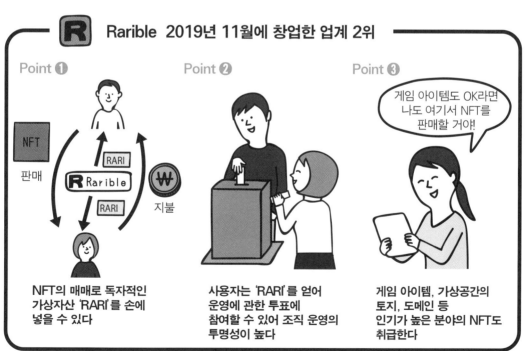

# 03 일본의 아트계 NFT 마켓플레이스

NFT 마켓플레이스는 미국에서 시작되었지만, 일본에서도 발 빠르게 NFT 서비스가 생겨났다. 몇 개의 성공적인 예 가운데, 「나나쿠사$^{nanakusa}$」는 일본 최초의 마켓플레이스로 아트계에서도 알려진 곳이다. 현재, SBI NFT 주식회사라는 SBI 홀딩스의 자회사가 운영한다. 이곳을 이용하려면 가상자산인 이더리움 등을 사용하기 위한 메타마스크$^{MetaMask}$ 등의 지갑이 필요하다. 단, 신용카드로도 결제할 수 있다. 나나쿠사에서는 출품작에 대한 심사가 이루어지고, 승인된 크리에이터는 공인 아티스트로서 활동한다.

나나쿠사는 다음과 같은 기능을 판매에 사용하고 있다. 하나는 NFT 마켓플레이스를 폴리곤$^{Polygon}$ 블록체인으로 옮겨서 운영하여 급등한 이더리움 가스비 문제를 피하고 있다. 거기에, 1차 유통 시에는 신용카드 결제를 허용해 일반인도 접근하기 쉽다.

## 일본 내 NFT 마켓플레이스

### Coincheck NFT

● 매매에 사용할 수 있는 가상자산이 10종 이상으로 풍부하다
● NFT를 출품, 구매할 때의 가스비(수수료)는 무료다

※ 단, 판매 수수료가 10% 부과됨

### Adam byGMO

● 아트나 만화, 트레이딩 카드 등의 콘텐츠를 취급한다
● 일본 엔(신용카드 포함)으로 결제할 수 있다
● NFT 보유자만 시청 가능한 콘텐츠가 있다

구매한 LAND(가상공간상의 토지)에 매력적인 콘텐츠를 설치해서 새로운 디지털 자산을 만들어 낼 수 있어요

仮想空間

사카모토 류이치가 대표곡을 NFT로 판매해 주목받아 유명 만화가가 인기 작품의 신작 일러스트를 판매하기도 해요

한편, NFT를 가진 사람만이 볼 수 있는 '열람 권한 기능'으로 크리에이터를 보호한다. 그 외에 크리에이터에 대한 우대 조치로 '로열티 분배 기능'이 있어 크리에이터끼리 콜라보레이션을 촉진하기 위한 구조를 갖췄다. 게다가 크리에이터가 세금 신고를 하기 쉬운 Gtax(가상자산의 손익계산 소프트웨어)도 도입했다.

## nanakusa

- 마켓이 'Creators'와 'Partners'의 2개 섹션으로 나뉘어 있다
- Creators는 공인 아티스트로서 인증을 받은 크리에이터(주로 개인)가, Partners는 나나쿠사의 제휴 파트너(주로 기업·브랜드)가 NFT를 판매한다

가상자산을 사용한 적이 없는 사람도 NFT를 구매할 수 있다는 게 큰 장점

급성장의 이유

- 폴리곤의 도입으로 가스비를 절약
- 가상자산만이 아니라 1차 유통 시 신용카드로 결제 가능
- NFT 소유자만이 볼 수 있는 열람 권한 기능
- 크리에이터끼리 콜라보레이션을 장려하는 로열티 분배 기능 구현
- 크리에이터가 세금 신고하기 쉬운 Gtax 도입

구매 감사합니다!

다음 편도 기대합니다!

nanakusa

콘텐츠를 전송하기보다 좋은 플랫폼이 되는 것이 우수한 크리에이터가 모이고 그에 따라 구매자들도 모이는 길이에요

나나쿠사는 2021년 7월, 아시아 5개국 6개 도시에서 개최된 NFT 아트 축제 〈Crypt Art Week Asia〉에 플래티넘 스폰서로 참가하기도 했습니다

# 04 오픈시에서 살 수 있는 것, 팔리는 것

마켓플레이스에서는 많은 것이 거래된다. 그중에서도 대표적으로 4가지를 들 수 있다. 마켓플레이스 최대 회사인 오픈시에서 매매되는 것을 중심으로 그것들이 왜 거래되는가를 살펴보자.

오픈시에서는 디지털 아트, 음악, 가상공간의 토지, 게임의 4가지가 인기 거래 분야다. 앞에서도 다루었듯이 NFT라는 개념의 도입으로 디지털 아트를 마치 한 점만 존재하는 재산으로 볼 수 있게 되어 활발한 거래가 이루어지고 있다. 오픈시에서는 음악도 취급하는데, 향후 거래가 증가할 것으로 보인다. 또한 가상공간상의 토지 구매도 늘고 있다. 한 덩어리의 토지가 57만 달러(약 7억4백만 원) 이상의 가격으로 구매된 예도 있다.

하지만 지금 인기가 있는 것은 '블록체인 게임'이다. 기존의 온라인 게임에서는 부정행위로 인해 캐릭터

## 오픈시에서 거래되는 주요 카테고리

아트

이른바 디지털 아트로 일러스트나 사진과 같은 정지화면뿐만 아니라 동영상 작품도 포함된다

음악

음악뿐만 아니라 특별 콘서트의 티켓이나 영상 소재 등의 혜택이 주어지고 재판매되어도 아티스트에게 로열티가 환원된다

가상공간

블록체인 게임에서 사용할 수 있는 아이템이나 가상공간에서 사용자가 개발할 수 있는 '토지' 등

게임

게임의 아이템이나 캐릭터를 매매할 수 있고 게임을 즐기면서 가상자산도 획득할 수 있다

가 양산되거나 타인의 계정을 훔쳐 재판매하는 등, 게임 운영 회사나 사용자 모두가 부정적으로 느끼는 일이 종종 발생했다. 그러나 블록체인 게임은 아이템을 NFT화함으로써 안심하고 게임할 수 있는 환경이 조성되지 않을까 하는 기대와 함께 크게 주목받고 있다. 그중에서 플레이투언Play to earn(게임을 즐기면서 가상자산을 획득하는 것이 가능한 구조) 모델이라 불리는 게임이 발달하고, 특히 일부 국가에서는 그것으로 생계를 유지하는 사람이 많이 나타날 정도로 인기가 있다.

사용자가 NFT를 '실제 자산'으로 취급할 수 있다

# 05 오픈시에서 NFT 거래의 전체 모습을 이해하다

마켓플레이스는 어떠한 것인지 어렴풋이나마 파악했을 것으로 생각한다. 이제 마켓플레이스 최대 회사인 오픈시를 예로, 실제 NFT를 거래할 때 어떻게 하면 되는지 구체적인 프로세스를 살펴보자.

우선 대전제로 NFT로 무엇을 거래할 것인지 생각해 두어야 한다. NFT는 오늘 저녁 식사의 재료 구매처럼 간단하지 않다. 그러므로 거래할 NFT의 대상을 선택한 후 실제 거래로 향한다. 이때 잊지 말고 오픈시의 거래에서 사용하는 가상자산 '이더리움'을 가상자산 거래소나 가상자산 판매소에서 구매해야 한다. 더불어 이더리움의 지갑이라고도 할 수 있는 「메타마스크MetaMask」를 설치해야 한다. 메타마스크는 가상자산의 관리, 송금, 수취를 하는 말 그대로의 '지갑'이다. 이것을 컴퓨터에 설치하고 로그인하면 준비는 완료.

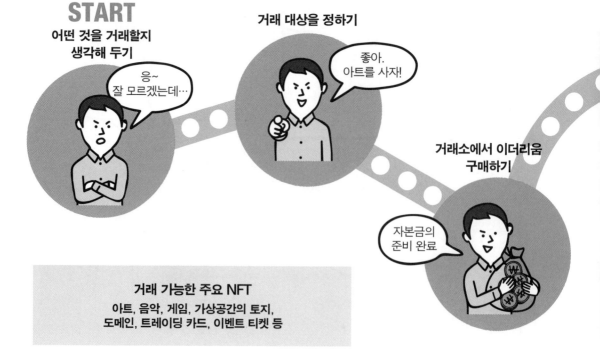

### OpenSea에서 NFT 거래 방법

**START**
어떤 것을 거래할지
생각해 두기

응~
잘 모르겠는데…

**거래 대상을 정하기**

좋아.
아트를 사자!

**거래소에서 이더리움
구매하기**

자본금의
준비 완료

**거래 가능한 주요 NFT**
아트, 음악, 게임, 가상공간의 토지,
도메인, 트레이딩 카드, 이벤트 티켓 등

다음은 온라인상에서 구매하고 싶은 NFT를 검색하자. 오픈시에서는 많은 것을 취급하므로 미리 정해 놓은 분야부터 찾아보는 것이 좋다. 구매하고 싶은 NFT를 정하면 'Buy now(지금 구매)', 'Confirm checkout(체크아웃)'을 선택한다. 이때 가스비가 필요하다. 그다음으로 자신의 지갑에 구매한 대상이 들어있는 것을 확인하면 구매 과정이 끝.

한편 출품하려고 할 경우, 'Profile(프로필)'에서 판매하고 싶은 NFT를 선택한다. 그다음 'Sell(판매)'을 선택한 후, 출품 방식을 선택하고 가격을 입력, 메타마스크에서 출품에 필요한 가스비를 지급하면 모든 절차가 완료된다.

**구매하고 싶은 NFT를 검색**

와~ 아트 분야도 너무 많다!

**여러 개에 눈이 가서 결정을 못 함**

**메타마스크를 설치**

SIGN IN

~ GOAL ~

구매한 NFT가 자신의 지갑에 들어간 것을 확인

**NFT를 선택하고 Buy now, Confirm checkout을 선택**

너로 정했어~~!

**NFT의 출품순서**

① Profile에서 출품하고 싶은 NFT를 선택해 Sell을 클릭

② 가격 책정 방식을 선택하고 가격을 입력
• Fixed price (고정 가격)
• Timed auction (경매 방식)

③ 메타마스크에서 필요한 가스비를 지급

GAS

④ 팔리기를 기다림

서두르지 말고 기다리자~

Zzz

KEY WORD  비트코인, 이더리움, 알트코인

# 06 NFT에 사용하는 가상자산이란 무엇인가?

NFT는 가상자산으로 대가를 지불하고 구매하는 것이 일반적이다. 그러므로 가상자산이 어떤 것인지 모르고 거래를 하면 손실을 보거나 예상치 못한 사고를 당할지도 모른다.

가상자산은 인터넷상에서 거래할 수 있는 재산적 자산으로, 지폐나 동전과 같은 실체가 없다. 사고, 모으고, 불리고, 사용하는 모든 거래가 블록체인으로 인터넷상에 기록되기 때문에 데이터의 변조가 어렵고 감시 역할을 하는 관리자가 필요없다는 것이 큰 특징이다. 그런 이유로 달러나 원 같은 법정통화와 달리, 은행 등의 제3자를 끼우지 않고 거래할 수 있다. 한편, 국가나 중앙은행이 관리하지 않으므로 그 가치는 다양한 요인으로 크게 변동할 수 있다.

## 가상자산의 정의*

일본의 자금 결제에 관한 법률 (2009년 법률 제59호)에서는 이렇게 정의되어 있습니다

**가상자산이란?**

1. 물품을 구매하거나 빌리거나, 또는 서비스를 받는 경우, 이들 대가의 변제를 위하여 불특정한 자에 대해 사용할 수 있고, 불특정한 자를 상대방으로 하여 구매 및 매각할 수 있는 재산적 가치(전자기기 또는 그 외의 물건에 전자적 방법으로 기록되어 있는 것에 한하여, 일본통화 및 외국통화, 통화표시자산을 제외. 다음 호에서도 동일)이며 전자정보 처리조직을 이용하여 이전할 수 있는 것
2. 불특정한 자를 상대방으로 하여 전 호에 게재한 것과 상호 교환할 수 있는 재산적 가치로, 전자정보 처리조직을 이용하여 이전할 수 있는 것

와~ 제대로 정의가 있구나!

* 우리나라에서는 2021년 3월, 〈특정금융정보법〉 개정에 따라 '가상자산'으로 명칭이 통일되었다. 아직까진 가상자산이나 NFT의 재산권을 보장해 주는 법률이 미비해 제도적 보완이 필요하다는 의견이 많다. 일본은 2019년 관련 법을 개정하면서 암호화폐를 지칭하는 표현을 '가상통화'에서 '암호 자산'으로 변경했다. 공식적으로 암호 자산이라는 용어를 쓰지만 2016년 〈자금 결제에 관한 법률〉을 개정해 가상화폐를 지급 결제 수단으로 인정했다.

현재 가상자산에는 많은 종류가 있지만, 주된 가상자산으로 언급할 수 있는 것은 역시 「비트코인」이다. 비트코인이 블록체인을 이용한 가상자산의 구조를 확립함으로써 후속의 가상자산들이 탄생했다고 할 정도다. 비트코인 없이는 현재의 가상자산 시장은 존재할 수가 없다. 한편, 이더리움이나 리플 등 비트코인 이외의 가상자산은 「알트코인」으로 불린다. 알트는 '대신'이라는 의미로, 비트코인을 대신하는 가상자산이라는 의미다. 그 때문에 알트코인은 비트코인보다 기능이 강화되거나 새로운 기능이 추가된 것이 많다. 예를 들면, NFT의 거래에서 주로 사용되는 이더리움은 미리 설정된 규칙에 따라 블록체인상에 트랜잭션을 자동으로 생성하고 실행하는 것이 가능한 스마트 콘트랙트 기능을 구현하고 있다.

### 비트코인과 알트코인의 차이

# 07 가상자산의 가격은 어떻게 정해지나?

가상자산의 가격은 날마다 크게 변동한다. 가격에 끌려서 구매하면 예기치 않는 방향으로 가격이 변동되어 손실을 입을 수도 있다. 가상자산의 가격은 어떻게 정해질까?

가상자산의 가격은 시장에서 '수요와 공급'의 균형에 따라 정해진다. 수요란 구매자를 가리키고 공급이란 판매자를 가리킨다. 사는 주문의 '총량'이 파는 주문의 총량보다 많으면 가격은 상승하고, 파는 주문의 총량이 사는 주문의 총량보다 많으면 가격은 하락한다. 일반적으로 어떤 가상자산이 주목도가 높아지거나 장래성이 있다고 평가된 경우, 사는 주문이 증가하여 가격도 오르기 쉽다. 반대로 장래성 등의 평가가 떨어지거나 다른 매력적인 가상자산이 나타나면 파는 주문이 증가하여 가격이 내리기 쉽다.

가상자산의 가격에 따라 구매할 수 있는 수량이 변하므로 같은 자금으로 가격이 낮은 쪽이 더 많은 수량

## 수요와 공급에 따른 가격 변동

### 사는 주문(매수)이 많을 때

얼마라도 좋으니 사고 싶어요!

가격 UP!

팔고 싶습니다만…

### 파는 주문(매도)이 많을 때

얼마라도 좋으니 팔고 싶어요!

가격 DOWN!

필요 없네요…

을 구매할 수 있는 만큼, 가상자산의 수량은 가격에 영향을 크게 미친다. 가상자산 대부분은 근본적인 수량, 즉 최대 발행 수가 정해져 있으며 시장에 나와 있는 수량이 최대 발행 수에 가까워지는 만큼 희소성이 높아지고 가상자산의 가격은 상승한다. 예를 들어, 비트코인은 2100만 BTC, 리플은 1000억 XRP가 발행 수의 상한이다. 한편, NFT에서 주로 사용되는 이더리움에는 발행 수의 상한이 없어서 이러한 가격 변동이 없다.

## 발행 수에 따른 가격 변동

## 파는 주문(매도)이 많을 때

# 08 가상자산은 어디서 살 수 있을까?

NFT를 시작하기 위해서는 우선 가상자산을 입수하지 않으면 안 된다. 인터넷상에 존재하는 가상자산은 어디서 어떻게 손에 넣을 수 있을까?

가상자산은 가상자산 거래소나 가상자산 판매소에 계좌(지갑)를 개설하고 구매할 수 있다. 국내외에 많은 「거래소」가 있지만, 거래소를 선택하는 포인트는 거래소의 활발함을 나타내는 '거래량', 가상자산을 지키는 '보안', 거래 시에 드는 '수수료', 거래할 수 있는 '종목 수' 등을 들 수 있다. 해외 거래소는 국내 거래소보다 해킹이나 사기 피해가 크고 언어나 법률의 문제로 장애물이 높다고 느껴지지만, 취급하는 종목 수가 많고 수수료가 저렴하다는 점 등 국내 거래소에 없는 장점도 있다.

거래소의 계좌 개설은 주식이나 FX의 계좌 개설과 비교하면 그다지 어렵지 않다. 일본 거래소의 계좌 개

## 거래소를 선택하는 포인트

설에 필요한 것은 거래소와의 교환에 사용하는 이메일 주소와 전화번호, 그리고 운전면허증이나 주민등록증 등의 본인 확인 서류다. 대부분은 거래소에 이메일을 등록 후 비밀번호 설정, 전화번호 연결, 본인 확인 서류의 제출을 하면 1~2주 내 계좌를 개설할 수 있다.* 한편, 해외 거래소에는 메일 주소를 등록하는 것만으로 계좌를 개설할 수 있는 곳도 있다. 아무리 봐도 거래소를 선택하는 것이 어려운 사람은 금융청에 가상자산 교환 업자로 등록된 서비스사업자 중에서 선택해도 좋다.

\* 가상자산을 구매 또는 거래하기 위해서는 지갑을 직접 발행받아서 사용하거나, 거래소를 통해 사용하는 방법이 있다. 우리나라 가상자산 거래소 가입을 위해서는 본인 명의로 된 은행 계좌를 연동해야 한다. 거래소별로 취급하는 은행이 다르므로 가입 전에 확인이 필요하다.

## 계좌를 개설하는 과정

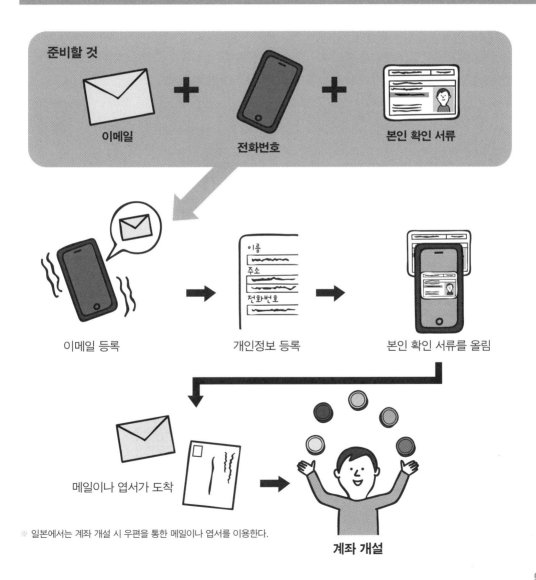

준비할 것

이메일 + 전화번호 + 본인 확인 서류

이메일 등록 → 개인정보 등록 → 본인 확인 서류를 올림

메일이나 엽서가 도착 → 계좌 개설

※ 일본에서는 계좌 개설 시 우편을 통한 메일이나 엽서를 이용한다.

# 09 손해 보지 않기 위해 알아 두자! 거래소와 판매소의 차이

거래소에 계좌를 개설하고 거래를 시작하면 거래소와 판매소라는 2가지 서비스가 있다는 것을 알게 될 것이다. 두 곳 모두 가상자산을 구매할 수 있지만, 어떤 차이가 있을까?

거래소와 판매소의 차이는 거래하는 상대다. 거래소는 가상자산을 매매하고 싶은 개인 간에 거래가 되고, 거래소는 그런 중개를 하는 곳이다. 거래는 구매자와 판매자의 수요와 공급이 일치하는 단계에서 성립되기 때문에, 가격이나 수량은 시장의 시세에 의존한다. 한편, 판매소는 업체와의 거래로 판매소가 제시하는 금액으로 구매하고 판매소가 제시하는 금액으로 매각한다. 업체가 보유한 가상자산을 거래하기 때문에 매매 성립까지 걸리는 시간이 짧으며 희망하는 수량을 한 번에 구매할 수도 있다.

안정적으로 가상자산을 구매할 수 있으므로 판매소 쪽이 좋다고 생각하기 쉽지만, 판매소 쪽이 수수료가

**거래소와 판매소의 차이**

높게 설정된 경우가 많다. 또한 수수료가 무료라고 주장하는 판매소도 결국 업체는 수수료로 이익을 내는 것이므로 보이지 않는 수수료가 있을 수 있다. 매입가와 판매가의 가격 차이를 「스프레드」라고 부르는데 이것이 실질적인 수수료가 된다. 스프레드는 거래소의 수수료보다 큰 경우가 대부분이어서, 역시 거래소보다 판매소 쪽이 수수료가 높다고 볼 수 있다. 간단하게 가상자산을 사고팔 수 있는 판매소는 가상자산 초보자에게 추천하지만 이용할 때는 높은 수수료와 스프레드에 주의해야 한다.

# 10 거래소에서 이더리움을 구매할 때 주의해야 할 점

계좌를 개설하고 자금을 계좌로 입금할 수 있다면, 이제 실제로 이더리움을 구매해 보자. 거래소에서는 간단하게 구매와 매각을 할 수 있으므로, 여기에서는 거래소에서 구매 방법을 설명하고자 한다.

거래소에서 가상자산의 구매는 주식 등과 같이 '차트'를 사용하여 거래한다. 주문 방식에는 지정가 주문과 시장가 주문이 있다. 지정가 주문이란 구매하고 싶은 금액과 수량을 지정하여 주문하는 것으로, 그에 상응하는 내용의 매각 주문이 있으면 거래가 성립된다. 예를 들면, 현재 가격이 510만 원인 이더리움을 500만 원에 0.01ETH 구입하고 싶다고 주문하면, 가격이 500만 원까지 하락해 500만 원에 매도 주문이 나온 시점에서 거래가 성립된다. 차트에는 사고파는 모든 지정가의 가격과 희망 수량이 가격순으로 나열된다. 차트 상황을 보면 시장 시세를 알 수 있다.

## 지정가 주문과 시장가 주문의 차이

### 지정가 주문

**차트**

| 판매 | 호가 | 구매 |
|------|------|------|
| 1000 | 5,000,010 | 0 |
| 0 | 5,000,000 | 0.01 |
| 0 | 4,999,990 | 0.1 |
| 0 | 4,999,980 | 0.2 |

500만 원에 0.01 ETH 살게요

**거래 성립**

| 1000 | 5,000,010 | 0 |
|------|-----------|---|
| 0.01 | 5,000,000 | 0.01 |
| 0 | 4,999,990 | 0.1 |

매도 주문이 들어왔다!

한편, 시장가 주문은 매입가나 판매가를 지정하지 않고 주문하는 방법이다. 사고팔고 싶은 수량을 지정하면 바로 가상자산을 거래할 수 있으므로 이익을 지금 즉시 확정시키고 싶을 때나 손실을 최소한으로 억제하고 싶을 때 추천한다. 그러나 시장가 주문은 거래가 성사될 때까지 가격을 모른다는 것이 큰 단점이다.

지정가 주문에도 주의가 필요하다. 가상자산은 주식 등과 달리 거래가 24시간 이루어지기 때문에, 한 번 실시한 지정가 주문은 시장에 계속 남는다. 시세에 맞춰 주문을 취소하지 않으면 큰 손실을 보는 경우가 있다. 또한 시세에서 벗어난 지정가 주문은 거래가 성립하기 어려우므로 차트를 주시하고 시세를 항상 파악할 필요가 있다.

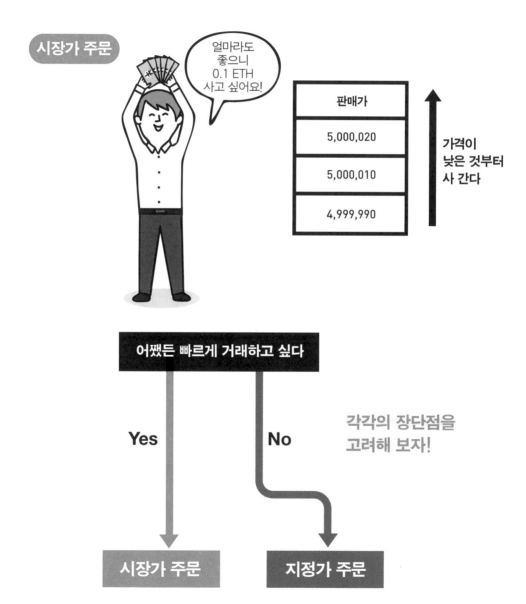

# 11 메타마스크 설치 절차

오픈시에서 거래를 하기 위해서는 메타마스크 등의 지갑을 설치하고 가상자산을 입수해야 한다. 절차가 복잡하게 보일지도 모르지만, 포인트를 확실하게 알면 어렵지 않게 설정할 수 있다.

NFT 토큰의 거래에는 지갑의 존재가 빠질 수 없다. 대표적인 지갑인 「메타마스크」를 설치해 보자. 이 지갑의 특징은 이더리움을 기반으로 발행된 'ERC-20 토큰'을 보관할 수 있다는 점이다. 또한 PC에서도 스마트폰에서도 조작할 수 있고 송금 등의 거래도 원활하다. 그 외 DApps나 블록체인 게임의 직접적인 지불이 가능하다는 이점도 빠트릴 수 없다. 덧붙여 지원 브라우저는 Google Chrome, Firefox, Brave, Microsoft Edge가 있다.

여기에서는 구글 크롬을 사용해 설치하는 순서를 설명하겠다. 먼저, 메타마스크의 공식 홈페이지를 접속해 탑 페이지의 다운로드 버튼에서 'Install MetaMask for Chrome'이라는 표시가 있는 페이지로 이동

## 설치 순서를 기억하자

OpenSea로 거래하고 싶은데 방법을 몰라…

여러 가지 방법이 있어서 어떤 걸 골라야 좋을지 어려워…

나 같으면 MetaMask를 이용하겠는데!

**Meta Mask의 장점**
- ERC-20 토큰을 보관할 수 있다
- 데스크톱 지갑(PC용)과 모바일 지갑(스마트폰용)을 지원한다
- DApps 및 블록체인 게임과 연계할 수 있다

그렇구나…

한다. 여기서 구글 크롬을 선택하고 파란 버튼을 클릭한다.

'MetaMask를 추가하시겠습니까?'라는 표시가 나타나면 '확장 프로그램 추가' 버튼을 클릭한다. 확장 프로그램 설치가 끝나고 '시작하기'를 클릭하면 지갑 생성 화면으로 이동한다. 다음으로 로그인과 시드 구문(seed phrase)*의 백업용 패스워드를 설정하면 다른 단말기에서도 사용할 수 있게 된다. 덧붙여 지갑의 설치가 끝나면 0ETH, 즉 잔액 제로를 나타내는 표시가 나온다.

* '시드 구문'은 메타마스크와 같은 탈중앙화 블록체인 지갑에서 사용되는 독특한 특징으로 12개의 단어로 백업 복원용 비밀번호가 임의로 생성되어 강제로 부여되므로, 꼭 기록해 두어야 한다.

# 12 메타마스크에 이더리움을 송금하는 방법

메타마스크를 다운로드하면 가상자산의 거래를 할 수 있게 된다. 먼저, 메타마스크로 이더리움을 송금해 보자. 절차는 어렵지 않지만, 전송 실수나 분실 위험에 대해서 확실히 확인해 두는 것이 중요하다.

메타마스크의 계정 화면에 나열된 4개의 버튼에서 '받기'를 선택하여 클릭한다. 입금 시 이더리움을 가지고 있다면 그대로 송금할 수 있다. 없는 경우는 거래소에서 이더리움을 구매해서 메타마스크로 송금해야 한다.* 송금 절차는 메타마스크 지갑에 표시된 자신의 어드레스를 복사한다. 그 어드레스를 이더리움을 구매한 거래소 계좌에 기재되어 있는 수신자의 어드레스에 그대로 붙여넣으면 된다.

드디어 금액을 입력해 보자. 여기서 주의할 점은 가상자산의 이동 시에는 가스비가 필요하다. 송금액과 가스비를 최종적으로 확인하고 '보내기' 버튼을 누르면 메타마스크로 송금이 완료된다.

\* 국내에서는 2022년 3월 25일부터 트래블룰이 적용되어 메타마스크 등으로 자금을 유입하는 것이 통제된다. 따라서 메타마스크로 이전이 가능한 국내 가상자산 거래소를 통해 자금을 송금할 수 있다.

## 이더리움을 송금할 때 주의점은?

다만, 관리자가 없는 것이 블록체인이므로 어드레스를 틀려서 송신 실수를 해 버렸을 경우, 회수하는 것은 불가능하다. 반드시 송신자의 어드레스를 두 번 이상 확인하도록 하자. 지갑을 사용할 때는 패스워드나 로그인 ID, 이메일 주소, API 키, API 시크릿, 인증 코드, 비밀키도 꼭 기억해 두자. 특히 메타마스크에서 가장 중요한 것은 시드 구문과 비밀키다(메타마스크에서는 별도의 ID나 API키를 보관하지 않는다). 타인에게 유출되는 것도 무섭지만, 자기 자신이 깜빡 잊어도 지갑에 있는 전 재산을 잃게 된다.

# 13 오픈시에서 NFT를 효율적으로 찾는 방법

자신의 메타마스크에 이더리움을 송금하면 지갑에 돈이 들어간 상태가 된다. 다음은 NFT 판매 최대 회사인 오픈시에 등록하여 상품을 구매해 보자.

메타마스크는 가상자산으로 결제 기능을 갖춘, 이른바 지갑이다. 메타마스크로 보낸 이더리움은 상품 구매를 위한 가상자산으로, 송금한 만큼만 거래할 수 있다. 우선은 메타마스크를 오픈시에 등록한다. 오픈시 사이트에 접속하여 계정을 생성하면 메타마스크가 실행된다. 로그인하면 메타마스크와 오픈시를 연결할 수 있다. 다음은 화면의 순서에 따라 이름과 이메일 주소를 입력하고, 이메일에 도착한 확인 메일로 최종 인증을 하면 등록이 완료된다.

구체적인 구매 방법도 인터넷 쇼핑과 비슷하다. 「탐색Explore」 태그를 클릭하면 현재 오픈시에서 구매 가능한 NFT가 나열되어 표시된다. 다음에 「검색창」에 필요한 키워드를 넣고 탐색의 범위를 좁혀 검색한

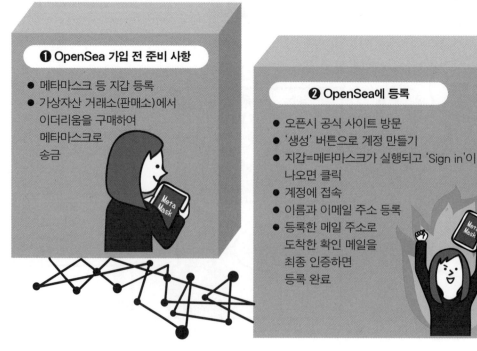

## OpenSea에서 NFT를 구매하는 흐름

**❶ OpenSea 가입 전 준비 사항**

- 메타마스크 등 지갑 등록
- 가상자산 거래소(판매소)에서 이더리움을 구매하여 메타마스크로 송금

**❷ OpenSea에 등록**

- 오픈시 공식 사이트 방문
- '생성' 버튼으로 계정 만들기
- 지갑=메타마스크가 실행되고 'Sign in'이 나오면 클릭
- 계정에 접속
- 이름과 이메일 주소 등록
- 등록한 메일 주소로 도착한 확인 메일을 최종 인증하면 등록 완료

다. 게임이나 트레이딩 카드의 명칭, 아트의 종류 등으로 어느 정도 범위를 좁혀 탐색하면서, 이번에는 「필터」 기능으로 더욱 상세하게 분류한다.

다음은 결제(구매) 방법이다. 원하는 아이템 화면을 클릭하고 파란색의 'Buy now' 버튼을 클릭하면 결제 화면으로 전환된다. 다시 'Checkout'을 클릭하면 ① 아이템 금액 ② 가스비 ③ 합계 금액이 표시된다. 합계 금액에 문제가 없으면 'Confirm'을 클릭한다. 결제가 이루어지면 NFT 구매가 완료.

### ❸ NFT를 탐색하기

- '탐색' 탭 클릭
- 구매 가능한 게임 캐릭터나 트레이딩 카드, 아트 작품이 나열되어 표시됨
- '검색창'에 흥미 있는 게임명이나 원하는 아트명을 입력
- 검색 범위를 좁힌 콘텐츠를 왼쪽의 메뉴바를 사용해 더욱 범위를 좁힘

※ 필터 기능을 활용하여 다양한 검색 조건을 시험해 보자.

### ❹ NFT의 구매

- 구매를 결정한 아이템을 클릭
- 'Buy now' 버튼을 클릭
- 결제 화면으로 전환되면 'Checkout'을 클릭
- 아이템의 금액과 가스비, 총합 금액이 표시됨
- 금액에 문제가 없으면 'Confirm'을 클릭
- 구매 완료

※ 가스비는 변동제

# 14 오픈시에 NFT를 출품하는 순서

이번에는 오픈시에 NFT를 출품하는 방법을 알아보자. 출품할 NFT가 없을 때는 직접 작성한다. 포맷을 이해하면 어렵지 않다. 출품 방법은 3가지이므로 자신에게 맞는 방법을 선택하면 된다.

오픈시에 출품하기 위해서 우선 오픈시 사이트(https://opensea.io) 오른쪽 상단에 있는 동그라미에 커서를 맞추어 'Profile'을 클릭한다. 보유하고 있는 나의 NFT가 표시되므로 NFT가 이미 있는 사용자는 그대로 올릴 수 있다. 그렇지 않은 경우에는 No items to display로 표시된다. 그럼, 직접 NFT를 생성해 보자. 가능한 포맷도 JPG나 MP3, MP4, GLB 등 익숙한 것이 많으므로 어렵지는 않다.

먼저 'My collection'에 접속해서 NFT를 보관하는 폴더=컬렉션을 만든다. 로고 이미지, 배너 이미지, 아이캐처 이미지를 설정하고, Name=컬렉션 명, URL=자신의 홈페이지, Description=상품 상세설명,

## NFT 출품의 기초 지식

오픈시에 출품하고 싶은데 내가 가진 NFT가 없네

그럼 직접 만들면 되잖아?

**대응 포맷**
일러스트 … JPG, PNG, GIF, SVG
동영상 … MP4, WEBM
음악 … MP3, WAV, OGG
3D 모델 … GLB, GLTE
※ 최대 파일 = 40MB

일단 오픈시의 'My Collection'에 접속해서~

대중적인 포맷들이네

Links=자신의 SNS 계정을 써넣는다. Royalties=2차 유통 시 환원되는 로열티, Blockchain=이용하는 블록체인의 종류, Payment tokens=거래에 사용하는 가상자산을 결정하여 완성한다.

다음 오리지널 콘텐츠의 작성으로 넘어간다. 작성이 완료되면 폴더 내에서 'Add item'을 클릭하여 필요한 항목들을 써넣는다. 이것으로 나의 NFT 콘텐츠가 완성. 판매 방법에는 고정가격, 잉글리시 옥션*, 더치 옥션** 형식이 있으므로 자신에게 적합한 방법을 선택해서 출품한다.

\* 가격이 점점 올라가 경매 종료 시점에 가장 높은 가격으로 낙찰
\*\* 가격을 정해 놓고 시간이 갈수록 가격이 낮아져 수요에 따라 최종 가격이 결정

# 15 NFT 관련 종목의 가상자산에 투자하기

NFT로 이익을 얻기 위해서는 'NFT 관련 종목'이라 불리는 가상자산에 투자하는 방법도 있다.

NFT 거래에서 중요한 가상자산으로 보급된 것이 이더리움이다. 하지만 이더리움의 가치가 높아진 탓에 가스비가 급등했다. 이 문제를 해소하기 위해 이더리움을 대체하는 가상자산의 개발도 활발해지고, 거기다 특정 NFT 플랫폼에서 사용하기 위해 개발된 가상자산도 늘어나서 해외에서는 이미 150종류 이상의 NFT 관련 가상자산이 거래되고 있다.

이른바 NFT 관련 종목 가상자산은 시가총액이 높은 만큼 거래량이 많고 인기도 있어서 비교적 안정적이라고 생각된다. 또한 전문가가 해외의 가상자산에 대한 가격 예상을 평가하므로 투자를 검토할 만한 좋은 판단 재료가 된다. 그러나 일본에서 NFT 관련 종목의 가상자산을 이용하는 경우 제약이 있다. 현재

## 일본에서 구매할 수 있는 NFT 관련 종목은?

**❶ 우선 NFT 관련 종목을 조사한다**
투자하고 싶은 가상자산의 '시가총액'을 조사한다. 시가총액이 높으면 거래량이 많으므로 비교적 시세가 안정되어 있다. 낮은 것은 수요 감소=가격 변동 위험이 커진다.

**❷ 해외의 가격 예상을 참고로 하자**
외국의 가상자산 미디어는 전문가가 알고리즘을 활용하여 가격 예상에 대한 의견을 기술한다.

일본에서 구매할 수 있는 가상자산은 「엔진코인(ENJ)」, 「테조스(XTZ)」, 「팔레트토큰(PLT)」의 세 종목뿐이라는 것이다. 물론, 그 밖에도 샌드 코인(SAND)이나 칠리즈(CHZ)와 같은 NFT 관련 종목은 많이 있지만, 여기에 투자하거나 이용하기 위해서는 해외의 은행 계좌를 열어 관리하거나, 일본에서 구매한 비트코인이나 이더리움 등을 해외 거래소에 송금해, NFT 관련 종목의 가상자산과 교환하는 방법밖에 없다.*

* 현재 우리나라의 디지털 자산 거래소에서 특정 종목의 거래가 가능하다.

어?
살 수 있는 종목이
3개뿐이네

● 일본에서 구매 가능한 NFT 관련 종목
• 엔진코인(ENJ)
• 테조스(XTZ)
• 팔레트토큰(PLT)

● 해외 주요 NFT 관련 가상자산
• 엔진코인(ENJ)
  시가총액 랭킹 59위
  최대 발행 수 1억 개
  일본 거래소 상장(2022년 1월 현재)
• 테조스(XTZ)
  시가총액 랭킹 46위
  최대 발행 수 100억 개
  일본 거래소 상장(2022년 1월 현재)
• 샌드코인
  시가총액 36위
  일본 내 취급 없음(2022년 1월 현재)
• 칠리즈(CHZ)
  시가총액 랭킹 78위
  일본 내 취급 없음(2022년 1월 현재)

● 일본의 주요 NFT 관련 가상자산
• 팔레트 토큰 (PLT)
  시가총액 랭킹 3651위
  최대 발행 수 10억 개
  일본 거래소 상장
※ 시가총액 순위는 Coin Market Cap을 참조

프로젝트의 목적과
시가총액 순위로
결정할까?

다른 종목이라면
해외에 계좌를 만들지
않으면 안 돼~

엔진코인, 테조스,
팔레트 토큰
어떤 걸로 할지 모르겠네~

# 16 해외 거래소에 계좌를 개설할 때 위험 요소는?

NFT의 구매나 출품에 익숙해지면, 우량한 NFT 관련 종목에 투자하고 싶은 생각도 들 것이다. 해외 거래소에 계좌 개설을 하면 국내에서는 취급하지 않는 다양한 가상자산을 거래할 수 있다. 다만, 위험이 있다는 점을 유의해야 한다. 현재 일본에서는 당국에 신고가 이루어진 가상자산만 거래할 수 있다.

구체적으로 알아보자. 우선 개설하고자 하는 거래소에서 투자를 검토하는 가상자산을 취급하는지 확인한다. 해외 거래소에서 자신이 투자하고 싶은 가상자산이 거래된다는 것을 확인하면, 먼저 국내 거래소에서 비트코인이나 이더리움을 구매하고, 해외 거래소 계좌로 송금한다. 이로써 해외 거래소로 가상자산이 이전되었다.

## 거래소의 안정성과 국내법의 규제에 주의

이제 교환 가능한 가상자산으로 바꾸기만 하면 된다. 그러나 리스크가 따른다는 것을 확실히 의식해야 한다. 거래소에 따라서는 보안에 문제가 있기도 하고, 애초에 금융청*에 등록하지 않은 거래소이기 때문에 국내의 금융 규제에 저촉되지 않는지 주의할 필요도 있다.

* 대한민국에서는 금융위원회와 금융감독원을 합친 개념으로 볼 수 있다.

## ● 알트코인 ▶ p.93

대체 코인Alternative Coin의 약칭인 알트코인Altcoin은 비트코인 이외의 암호화폐를 말한다. 알트코인은 시장에서 비트코인의 결점과 기능적 미비를 개선한 것으로, 그 유통량은 확대되고 있다. 반면 비트코인보다 유동성이 적어서 좋은 타이밍에 매매할 수 없다는 점이나 시가총액이 낮고 신뢰성이나 안정성이 부족한 알트코인도 많다는 것이 문제점으로 지적되기도 한다. 현재 세계에서 5,000종류 이상의 알트코인이 있다고 알려져 있다. 대표적인 알트코인으로는 이더리움(ETH), 리플(XRP), 폴카도트(DOT), 라이트코인(LTC) 등이 있다.

## ● 가상자산 거래소 ▶ p.96

인터넷상에서 운영되는 서비스로 가상자산을 가지고 있는 다른 사용자와 거래를 하는 장소를 말한다. 여기에는 거래소와 판매소가 있다. 거래소에서는 구매자와 판매자가 가상자산을 거래하지만, 판매소에서는 중개업자가 직접 사용자 사이에서 가상자산을 매매한다는 차이가 있다. 거래에는 수수료가 발생하는데, 판매소의 수수료(판매가와 매입가의 차액=스프레드라는 형태를 따르는 것이 통상임)보다 거래소의 수수료가 싼 경우가 많다. 판매소에서는 거래소와 달리 거래가 성립하지 않는 경우는 없지만, 거래소에서는 아무리 가상자산을 원해도 제시한 가격으로 팔고 싶은 사람이 없으면 매매가 성립되지 않기도 한다.

## ● 스프레드 ▶ p.99

Spread는 원래 '확산', '폭넓음'이라는 의미로, 파는 가격과 사는 가격의 가격 차, 혹은, 이율의 차이. 즉, 차익금을 말한다. 이 가격 차를 이용한 거래 방법을 스프레드 거래, 재정 거래라고 부른다. 스프레드 거래는 단적으로 말하면, 값싼 투자 대상을 사고 값비싼 투자 대상을 파는 거래로 이익을 높이는 방법이다.

## ● ERC-20 토큰 ▶ p.102

ERC는 Ethereum Request for Comments(이더리움 기술 제안)의 약칭으로, 커뮤니티 전체의 편의성을 높이기 위한 공통 규격이다. 대표 격이라고 할 수 있는 ERC-20은 2015년에 탄생했다. 그 후 ERC-20 토큰의 발행으로 ICO(Initial Coin Offering) 붐이 일었고 이로 인해 이더리움(ETH)의 급등을 불러일으켰다. ERC-20 토큰이 등장하기 전에 가상자산 거래소에서 서비스를 개시하기 위해서는 그 서비스에 적합하도록 시스템을 조정할 필요성이 있었지만, ERC-20 토큰의 탄생으로 토큰이 통일되었다. ERC-20 토큰은 크라우드펀딩, 프로젝트에 투표, 거래 수수료의 결제, 새로운 토큰 작성 등을 할 수 있다. 2020년 12월 시점 기준, 약 830개의 프로젝트와 35만 개 이상의 토큰이 ERC-20 규격에 기초한다고 알려져 있다.

## ● API ▶ p.105

애플리케이션이나 소프트웨어를 프로그램에 연결하기 위한 시스템. API는 Application Programming Interface(애플리케이션 프로그램을 위한 인터페이스)의 약어다. API는 소프트웨어나 애플리케이션 일부를 공개해서 소프트웨어끼리 연결할 수 있다. 즉, 다른 소프트웨어나 서비스 간에 인증이나 채팅 기능 등을 공유할 수 있다. 또, 한쪽에서 다른 쪽으로 수치 데이터를 받아서 다른 프로그램으로 그 데이터를 해석할 수 있다. API의 이러한 호환성 기능은 애플리케이션과 애플리케이션을 연결함으로써 각 사용자가 사용하는 기기의 기능성을 확장하고 편리성을 높인다는 이점을 가진다.

## ● 인증 코드에 의한 2단계 인증 ▶ p.105

스마트폰이나 휴대전화의 문자메시지 서비스(SMS) 기능을 사용하여 본인을 확인하는 수단. 최근 ID나 패스워드에 더하여 인증 코드가 이용되는 경우가 많다. 인증 코드의 사용이 일반화된 이유는 다음과 같은 점을 들 수 있다. ① 스마트폰이나 휴대전화의 소유율이 높아졌다. ② PC나 스마트폰을 경유한 웹상에서 결제가 많아져 보안 대책이 필요하게 되었다. ③ 스마트폰이나 휴대전화는 본인이 물리적으로 소지하고 있다. ④ 피싱 사기 대책으로 유효하다.

## ● 잉글리시 옥션 ▶ p.109

판매 방법의 하나로 구매자가 가격을 경쟁하면서 최종적으로 가장 높은 가격을 제시한 사람이 낙찰받는 방식이다. 잉글리시 옥션English Auction에는 여러 종류가 있는데, 주요한 것은 시간 제한이 있는 스코틀랜드 경매와, 경매가 언제 종료되는지 정확히 알 수 없는 캔들 경매. 잉글리시 옥션은 가장 일반적인 경매 방식으로, NFT 거래나 인터넷상의 거래에 한정되지 않고 예전부터 이용되고 있는 판매 방법이다.

## ● 더치 옥션 ▶ p.109

가장 높은 가격에서 점점 내려가 최초로 구매자가 나타난 가격으로 매매가 성립되는 경매 방법으로 네덜란드 경매법이라고도 한다. 일반적인 경매 방법인 잉글리시 옥션에서는 구매자가 입찰 가격을 올려 나가지만, 더치 옥션은 그 반대라고 이해하면 쉽다. 원래는 네덜란드의 생화 시장에서 진행되던 것으로, 거래 속도가 빠르다는 장점이 있어서 현재 여러 시장에서 이 방식으로 경매를 진행한다. 예를 들면, 증권시장에 있어서 미국 재무성 단기 증권의 입찰 방식이나, 미국 기업의 자사주 공개 매수 등에 이 방식이 이용된다.

# CHAPTER 4

## 트러블 피하기!
# NFT를 더욱 잘
# 활용하기 위한
# 법률과 회계 지식

막상 NFT 사업을 시작하면
법률이나 회계의 문제에 가로막힐 때가 있습니다.
이 장에서는 NFT 비즈니스에서 주의해야 할
법률과 회계 지식을 배워봅니다.

# 01 NFT의 발행(NFT화)이란 무엇인가?

디지털 콘텐츠를 어떠한 방법으로 연결한 고유의 토큰을 발행하는 것이 「NFT화」이다. 이것은 토큰 자체를 복사해서 늘릴 수 없으므로 디지털 콘텐츠에 희소성을 부여할 수 있다.

디지털 콘텐츠인 토큰은 복제할 수 있다는 큰 문제점이 있었다. 그 때문에, 부가가치가 있는 상품의 교환에는 맞지 않다고 여겨졌다. 그러나 '디지털 콘텐츠를 블록체인상에서 발행되는 고유 토큰에 표시(NFT화)'함으로써 고유의 속성이나 값을 갖게 하는 대체 불가한 토큰이 탄생했다. 각각의 NFT 토큰은 희소성을 인정받게 되어 어떤 아트 작품에서는 고액의 가치가 발견되기도 하고 게임 캐릭터나 트레이딩 카드도 보급되는 등 큰 시장을 만들어가고 있다.

## 고유화된 토큰으로 커지는 가능성

그렇다면, NFT의 발행이란 어떤 것일까. 이것은 '블록체인의 규격에 근거하여 토큰을 작성하는 것'이다. 또, '발행자가 제3자에게 해당 토큰을 이전(판매 등)하는 것'도 발행이라고 부르기도 한다. 대부분 NFT 보유자와 구매 희망자 사이의 거래는 마켓플레이스(플랫폼)에서 이루어지며, 여기에서 NFT의 발행과 판매를 한다. NFT 거래의 대략적인 흐름은, 우선 NFT 보유자가 마켓플레이스에 상품을 올리고, 구매 희망자도 마켓플레이스를 열람하여 원하는 상품을 찾는다. 마켓플레이스는 NFT 보유자와 구매 희망자의 요구가 일치되면 자동으로 거래가 성립되는 구조로 되어 있으며, 거래 전체는 마켓플레이스가 정해 놓은 이용약관에 따라 규정된다.

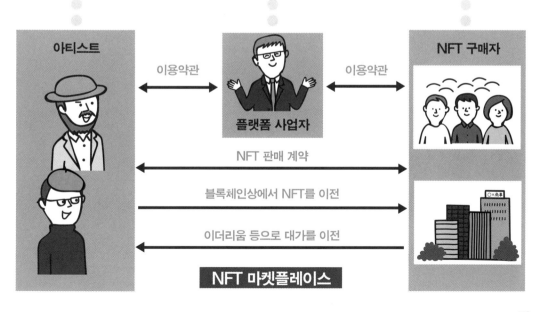

- 아티스트는 아트 작품을 NFT화
- 플랫폼상에 업로드
- 구매 신청이 있던 시점 (경매의 경우는 경매 종료 시점)에 NFT는 자동으로 이전
- 대가를 가상자산 이더리움 등으로 받음

- NFT 마켓플레이스에서 아티스트의 상품을 소개
- NFT 구매자들에게 열람시킴
- 양측에게 서비스 이용자로서 미리 '이용약관'에 동의 하도록 함
- 매매 계약 시에는 가상자산 이더리움 등으로 수수료를 받음

- 플랫폼을 열람
- 흥미 있는 아트 작품을 선정하여 구매 신청 또는 입찰
- 구매 대금 등을 가상자산 이더리움 등으로 지불
- 자신의 지갑으로 NFT를 받음

아티스트    플랫폼 사업자    NFT 구매자

이용약관    이용약관

NFT 판매 계약

블록체인상에서 NFT를 이전

이더리움 등으로 대가를 이전

**NFT 마켓플레이스**

# 02 오해하기 쉬운 아트 NFT와 NFT 아트의 차이점

NFT화한 아트 작품 거래로 일약 유명해진 비플은 연달아서 고액으로 경매입찰된 디지털 작품을 만들어, 이후 NFT 아트 시장은 활황을 맞았다. 이렇게 디지털 아트 작품이 NFT화되면 고유성을 인정받아 희소성에 부가가치가 생긴다. 여기서 문제가 되는 것이 「NFT 아트」와 「아트 NFT」다. 헷갈릴 수도 있지만, 이 둘의 해석 차이가 큰 문제로 발전하기도 한다. 그 차이와 관련성에 관해 고찰해 보고자 한다.

일반적으로 유통하고 있는 「NFT 아트」는 NFT 기술을 통해서 디지털화된 아트 작품을 말하고, 「아트 NFT」는 거래할 때 이전되는 토큰인 NFT 그 자체를 의미한다.

이 말의 구분은 '무엇을 팔고 있는가'라는 근본적인 물음과 관련이 있다. 아티스트로서는 작품 그 자체의

오해를 부르는 독점권의 취급

독점권을 양보할 의도까지는 아니고, 실제로 거래되고 있는 것도 작품 그 자체라기보다는 그것과 연관된 토큰, 즉 NFT(아트 NFT)다. 그러나 구매자 중에는 NFT화된 아트 작품 자체(NFT 아트)를 구매했기 때문에 독점권을 얻은 것이라고 오해하는 사람도 있다.

거래되고 있는 것은 '토큰(아트 NFT)'이고, 아티스트가 계속해서 독점권을 가지는 것은 '아트 작품(NFT 아트)'이라고 구별하여 생각해야 한다.

# 03 저작권이란 무엇인가?

저작권법은 '사상 또는 감정을 창작적으로 표현한 저작물의 권리를 지키기 위한 법률'로, 디지털 아트도
저작물로써 인정받는다.

저작권에 대해서는 기본적인 지식을 갖고 있는 사람이 많다고 생각한다. 저작권의 대상인 '저작물'에는
소설, 음악, 회화, 영화 등 다양한 것이 포함되는데 저작권법상 창작적인 표현이기만 한다면 상당히 많은
것이 저작물에 해당한다. 인터넷상의 데이터라면 저작권이 없다고 생각하는 사람도 있겠지만, 그것은 큰
착각이다. 또, 저작권 침해에 대해서는 침해금지청구나 손해배상청구, 형사처벌이라는 절대 가볍지 않은
법률상의 제재가 있으므로 주의가 필요하다.

넓은 의미에서 저작권에는 「저작재산권」과 「저작인격권」이 있다. 이 중, 저작재산권은 저작인격권과 달

## 아티스트를 지키는 저작권법

리, 제3자에게 양도가 가능하다. 또한 저작자는 저작권의 양도가 아닌 이용자에게 범위나 기간 등을 정한 이용 허락(라이선스)을 할 수도 있다. 그 외, 불특정 다수가 일정한 조건에 근거해 저작물을 이용하기를 바라는 경우, 저작자는 「퍼블릭 라이선스」라고 불리는 조건부로 공표해 사용을 허락할 수도 있다. 「크리에이티브 커먼즈 라이선스」 등이 그 예다.

# 04 이용약관에서 본 아트 NFT의 취급

NFT 거래를 할 때는 대부분 마켓플레이스라고 불리는 플랫폼이 이용된다. 콘텐츠의 NFT화부터 출품, 거래 결제의 중개까지 해주어서 NFT 거래에 없어서는 안 될 존재라고 할 수 있다. 그렇다면, 아트 저작권자와 구매자 사이에 서 있는 플랫폼 사업자는 어떠한 법적 인식으로 이 둘을 대할까? 출품자와 구매자가 플랫폼을 이용할 때 플랫폼 사업자는 양쪽에게 이용약관을 미리 보여주고 동의를 하게 한다. 과연 이용약관이 있으면, 문제가 일어나지 않을까?

이용약관이란 주로 그 플랫폼을 이용할 때의 다양한 규칙 설명이다. 아직 NFT에 대해 명확한 법적 해석이 없으므로 플랫폼은 물론 사업자마다 생각이 다르고 저작자의 권한에 대해 언급하는 범위도 다르다. 예를 들면, A는 '아트 NFT의 보유가 NFT 아트의 저작권 보유를 의미한다고는 말할 수 없다', B는 'NFT

**플랫폼마다 다른 「이용약관」**

를 발행하는 아티스트가 개별적으로 설정하는 내용에 따른다', C는 'NFT 아트의 이용 범위에 대해 플랫폼 내에서 일률적으로 고정한다', D는 '아트 NFT의 보유자임을 고지하는 것만 가능하다'라는 것처럼, 각 플랫폼의 약관은 다 다르지만 기본적으로 '구매=저작권 양도'라는 인식은 없다.

NFT의 보유자가 어떠한 권리를 얻을 수 있는지는 이용약관보다는 오히려 개별 거래 조건을 확인할 필요가 있다.

# 05 아트 NFT를 보유하면 NFT 아트를 소유하게 될까?

NFT 마켓플레이스에서 아트 NFT를 대가를 지불하고 보유하면, 과연 이것으로 NFT 아트(디지털화된 아트 작품)를 '소유'하게 되는 것일까? 디지털 아트의 소유권에 대해서 법적인 관점에서 다면적으로 생각해 보는 것이 중요하다.

투자 측면에서 NFT 아트를 파인아트(실용성, 공리성을 배제한 순수 예술)와 같은 자산이라고 생각해서 구매, 소유하려는 사람이 많다. 그들 대부분은 마켓플레이스에서 이더리움 등의 가상자산을 지불하고 NFT를 손에 넣는다. '디지털 소유권'이라는 말도 듣게 된다. 확실히 비플의 작품과 같은 고액 거래 상품은 투자 대상으로 매력적이고, 토큰으로 보유하면 장소도 차지하지 않는다. 복제 불가능한 NFT이기 때문에 복사됨으로써 희소성이 사라질 우려도 없다. 그러나 그 자산가치는 법적으로 뒷받침될까?

## 보유=소유가 아니라는 점에 주의

NFT 아트를 손에 넣었어! 내 소유물이다~

잠깐 기다려 봐! 아트 NFT로 보유한 것뿐이지 않나?

대가인 이더리움도 이전했고 내 소유물이야!

아트 NFT의 보유와 법적인 의미의 '소유'는 다른 거야

우선, 대가를 지불하고 입수한 NFT의 「보유」에 대해서는 확실한 근거가 있다. NFT를 제3자에게 이전하는 것은 블록체인상의 지갑에 적용되는 '비밀키'를 아는 사람만 할 수 있다. 따라서 비밀키 관리를 통해 해당 토큰을 사실상 독점하고 있는 이가 '소유자'가 된다고 생각할 수 있다. 하지만 여기에서 법률의 벽에 가로막힌다. 민법상 디지털 아트를 포함한 데이터는 소유권의 대상이 되지 않는다.

소유권의 대상으로 정해져 있는 것은 '유체물'뿐이며, '무체물'인 데이터는 소유물이 될 수 없다. 소유권이 없는 이상 해당 토큰 역시 누군가에게 빼앗겨도 소유권에 근거한 반환청구권을 행사할 수 없다. 즉, 대가를 지불하고 보유한 아트 NFT라도, 법적으로 「소유」한다고까지는 말하기 어렵다.

127

# 06 아트 NFT를 보유하면 NFT 아트 저작권을 보유하게 될까?

원래 디지털 아트에는 법적인 의미에서 소유권이 없다. 그럼 아티스트의 저작권과 아트 작품은 어떤 관련이 있을까. 또한 구매 희망자가 디지털 아트를 '보유'하는 것이 가능할까.

NFT에 관한 법의 정비가 아직 이루어지지 않았다. 그러나 이용자는 보다 편리한 방법을 찾아 시장을 넓혀가려고 하므로 동시에 해결해야 할 과제도 생겨난다. NFT에 있어서 저작권 문제는 그 대표적인 예이며, 기존의 관례에 근거해 대응할 수는 없는 문제다.

NFT 아트의 저작권을 아트 NFT의 거래와 함께 양도하는 것이 가능할까? 법적으로는 가능하다. 저작자와 구매자 사이에 분명한 합의가 있으면 문제는 없다. 당사자끼리 합의만 있다면 저작권 양도가 가능하다.

## 토큰으로 저작권 양도가 가능할까?

그렇다면, 'NFT 토큰의 거래로만 저작권 이전'이 가능할까? 저작권법상 저작권의 양도 방법 자체를 특정의 방식으로 한정할 수는 없다. 또 아트 NFT 소유자가 별도 계약으로 저작권을 양도하였다고 해도 NFT는 이전하지 않는 경우를 가정하면, NFT와 저작권의 소재가 일치하지 않게 되어 그 후 NFT를 양도받더라도 저작권을 양도받을 수 없게 된다. 이렇게 보면, 'NFT 토큰의 거래로만 저작권 이전을 가능하게 한다'는 방식 자체에 문제가 있음을 알 수 있다. 그런 점에서, 실제로 저작권에 근거해 NFT 보유자에게 일정한 이용 허락을 부여하는 방식을 많이 사용하고 있다.

# 07　아트 NFT를 보유한다는 의미

아트 NFT를 보유하고 있어도 그 아트 작품에 대해 당연히 어떤 권리를 얻을 수 있는 것은 아니라는 것을 알게 되었다. 그럼, 아트 NFT를 보유한다는 것은 어떻게 이해해야 할까.

파인아트의 세계에는 아티스트의 예술 활동을 지원하는 존재인 「후원자」가 있다. 파인아트(회화 등)에 있어서 후원자는 작품의 구매를 통해서 경제적 지원을 하지만, 그 작품에 대해 저작권 등의 권리를 얻을 수는 없다. 한편, NFT 아트의 보유자는 작품이 공개되어 있어 누구라도 열람할 수 있는데 저작권을 비롯한 권리를 전혀 갖지 않는 경우도 매우 많아, 이러한 상황은 파인아트의 후원자와 유사하다고 할 수 있다. 소유권이 없다고 하는 점에서는 파인아트의 후원자와는 다르지만, 그 대신 NFT만의 장점도 있다.

우선, NFT의 보유자는 구매의 '대가'라는 형태로 저작권자인 아티스트의 경제적 지원에 공헌한다. 또,

## 후원자로서 아티스트를 지원한다

보유자가 제3자에게 NFT 아트를 이전시키면, 당연히 보유자는 제3자로부터 대가를 받는다. 일반적으로 각 플랫폼에는 이러한 2차 유통에 관해서도 저작자가 이익을 얻을 수 있는 구조가 갖춰져 있다. 즉, 저작자에게 보유자=후원자의 존재가 중요하다는 것을 이해할 수 있다.

후원자에게도 장점이 있다. NFT 아트는 블록체인상에 보유자를 기록하고 있다. 보유자가 차례차례로 바뀌었다고 해도 그 이름이 사라지는 것은 아니다. 그리고 거기에 이름을 연결한 모든 사람을 저작자의 후원자로 인식하게 된다. 파인아트에는 없는 이런 현상은 거래 이력을 기록하는 블록체인에서 유래한 특징이다.

| 디지털 아트 작품과 NFT<br>(공개 필수의 경우) | 파인아트와 그 소유자<br>(공식적으로 전시된 경우) |
|---|---|
| 누구라도 접속해서 관람 가능 | 누구나 방문하여 감상 가능 |
| NFT 보유자=저작권자 아님 | 소유자=저작권자가 아님 |
| 보유자는 NFT를<br>매각·이전 할 수 있음 | 소유자는 작품을 매각해서<br>소유자를 이전할 수 있음 |

# 08 NFT에 관한 금융 규제

NFT는 각각의 토큰이 그 자체의 고유한 값을 가져, 구별할 수 있는 기능이 있다. 디지털 콘텐츠에 유일성을 부여함으로써 경제적인 부가가치를 높이는 것이다. 한편, 블록체인상에서 발행되는 비트코인 등은 가상자산에 해당되어 일본에서는 자금결제법으로 규제된다. 그렇다면 NFT는 법적으로는 어떤 규제를 받을까?

NFT 외에도, 블록체인상에서 거래되고 있는 토큰의 기능과 종류, 해당 토큰에 표시되는 권리는 무수히 많다. 그렇다면 그러한 토큰에는 어떤 법률이 적용될까. 결제 수단으로써 경제적 기능을 갖추고 있으며, 블록체인 등에서 불특정 다수에 대해 이전 가능한 구조인 토큰이라면 가상자산으로 취급되어 자금결제법에 따라 규제될 것이다. 주식이나 사채, 펀드의 지분 등에 관련되는 권리를 표시한 토큰이라면 유가증

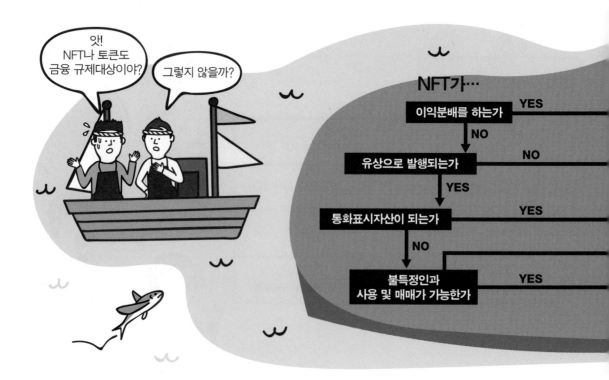

**NFT 토큰에 관한 금융 규제**

권으로 취급되어 금융상품거래법(금상법)으로 규제될 수 있다. NFT와 관련된 비즈니스를 한다면, 아래의
도표를 참고해 어떤 법에 따라 규제되는지 확인할 필요가 있다.*

* 현재 우리나라에서는 특정 금융거래정보의 보고 및 이용 등에 관한 법률(특금법) 시행령에 따라 가상자
산에 대해 금융 규제를 하고 있고 암호화폐는 그 규제 내에 포함되나, 아직 금융위원회에서 NFT를 가상
자산으로 규제할 것인지를 확정하지 못하고 있다. 그러나 가상자산 과세법안 정책 심포지엄 등에서 논
의되고 있고 NFT를 디지털 자산으로 규정하겠다는 디지털자산거래법 등이 발의되어 있어 조만간 NFT
에 대한 금융 규제도 있을 것으로 예상된다.

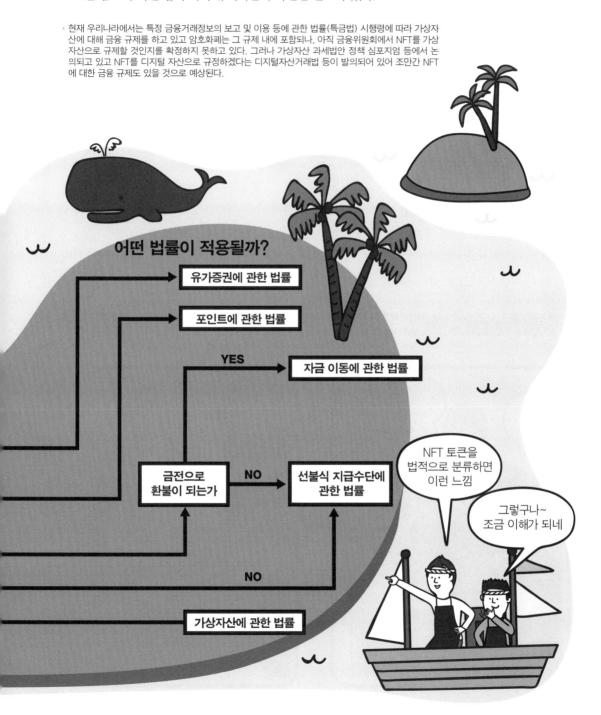

# 09  NFT는 가상자산에 해당될까?

NFT는 자금결제법상 가상자산에 해당될까? 그 요건은 3가지가 있지만, 여기서 중요한 것은 NFT에 결제 수단 등의 경제적 기능이 갖춰져 있는지다.

일본에서 가상자산의 정의를 자금결제법으로 살펴보면 ① 물품·역무 제공의 대가 변제로써 불특정인에 대해 사용할 수 있고 또한 불특정인 사이에서 구입·매각할 수 있는 것 ② 전자적으로 기록된 재산적 가치로써 전자정보 처리조직을 이용해 이전할 수 있는 것 ③ 일본통화, 외국통화 및 통화표시자산에 해당하지 않는 것. 이 ①~③의 요건을 겸비하면 1호 가상자산이 된다. 그리고 ② ③의 요건을 갖고 불특정인 사이에서 1호 가상자산과 교환할 수 있으면 2호 가상자산이다. NFT는 이 요건에 충족될까?

예를 들면, 이더리움은 1호 가상자산에 해당하며 NFT와 마찬가지로 블록체인상에서 발행되는 토큰이

## 결제 수단의 유무가 판단 기준

다. 그리고 NFT는 ①의 요건은 충족한 것 같지 않지만, 한편 이더리움이라는 1호 가상자산을 불특정인과 교환할 수 있다. 언뜻 보기에는 2호 가상자산의 요건을 충족하는 것 같다. 그런데 금융청의 '사무 가이드라인'에는 블록체인에 기록된 트레이딩 카드나 게임 내 아이템 등에 대해서는 결제 수단 등의 경제적 기능이 없다고 판단된다는 이유로 2호 가상자산에 해당하지 않는다고 되어있다. 그렇게 볼 때 일반적인 NFT라면 가상자산에 해당하지 않는다고 할 수 있다.

# 10 NFT는 선불식 지급수단에 해당될까?

선불식 지급수단은 '가치 보존', '대가 발행', '권리 행사'라는 3가지 조건을 갖추고 있다. 또한 가상자산과는 달리 특정인에게만 사용할 수 있는 구조로 되어있다. 그렇다면 NFT는 선불식 지급수단에 해당될까?

'선불식 지급수단'에 해당하는 조건에 관해 일본 자금결제법에서는 다음과 같이 정의한다. ① 금액 등의 재산적 가치가 기재 또는 기록될 것(가치의 보존) ② 금액 또는 수량 등에 따른 대가를 얻어 발행되는 증표 등으로 번호, 기호, 그 외의 부호가 있는 것(대가의 발행) ③ 발행자 또는 발행자가 지정하는 자에 대한 대가 변제에 사용하는 것이 가능할 것(권리의 행사). 이 ①~③의 요건을 충족한 것이 선불식 지급수단이 된다. 가상자산이 불특정 다수와 거래 가능했던 것에 비해 선불식 지급수단은 발행자(가맹점)에게만 사용할 수 있다.

선불식 지급수단은 「자가형 선불식 지급수단」과 「제3자형 선불식 지급수단」으로 나눌 수 있다. 자가형

무엇이 해당하는지 자세히 알아보자

은 발행자가 제공하는 상품이나 서비스의 지불에만 사용하는 것으로 한정되며 가맹점과 이용자와의 결제를 맡는 것은 아니다. 제3자형은 발행자가 이용자로부터 선지불된 대가를 상품·서비스의 제공자로 있는 가맹점에 지불하는 결제의 중개를 맡는다. 덧붙여 일본 은행권·수표·수입인지·증지 등, 법률에 근거해 그 자체가 가치물로 효력이 있는 물품, 골프나 테니스 등의 회원권, 경품권 등, 본인 확인이 목적으로 재산적 가치에 결합되지 않는 물품 등이다.

NFT의 경우, 지불 수단으로써 경제적 기능이 없는 것이 일반적이며, 그 경우에는 선불식 지급수단이 아니라고 생각된다.

# 11 NFT를 서비스 경품으로 볼 수 있을까?

포인트 카드는 소비자들에게 이제 없어서는 안 될 존재로 자리 잡았다. 그럼 NFT의 거래에서도 포인트를 부여할 수 있을까. 또 어떤 경우일 때 금융 규제에 저촉되지 않을까.

각 카드사나 가맹점, 자치단체 등에서도 발행하는 포인트 카드의「포인트」는 현금에 준한 부가가치로 인식된 지 오래다. 일반적인 의미에서 포인트는 '상품을 구매하거나 서비스를 받을 때 무상으로 부여되며 다음 쇼핑 때 대가의 일부를 포인트로 충당할 수 있다'는 것을 가리킨다. 그 형태도 다양하다. 상품이나 서비스 금액에 대해 일정한 비율로 포인트를 부여하기도 하고, 방문이나 이용 횟수마다 일정 수의 포인트가 발행되기도 한다. 또, 법률적인 규제도 마련되어 있지 않다.

그럼 NFT에 포인트를 부여한다면 어떻게 될까. 기본적으로는 포인트로써 발행되는 토큰에는 금융 규제

## 포인트의 특성에 유의하자

가 적용되지 않는다. 다만 주의점도 있다. 상품권이나 선불카드 등 선불식 지급수단과 교환해서 포인트를 발행한 경우, 포인트 역시 선불식 지급수단으로 간주할 수 있다.

또한 포인트로 얻은 토큰을 가상자산과 교환할 수 있게 되면 가상자산에 해당할지도 모른다. 그 외 게임 사업자가 신규 사용자나 액티브 사용자의 증가를 목적으로 한 캠페인으로 캐릭터나 아이템 등을 무상 제공할 때는 포인트가 아닌 경품표시법(일본의 부당경품류 및 부당표시방지법)의 대상으로 보는 예도 있다.

**주의점 1**

상품권이나 선불카드와 교환하여 부여되었을 때 「선불식 지급수단」에 해당할 수 있다

**주의점 2**

포인트로 발행한 토큰이 비트코인 등과 서로 교환할 수 있으면 「가상자산」에 해당할 수 있다

**주의점 3**

캠페인의 하나로 사용자에게 무상 제공할 경우 「경품표시법」이 적용될 수 있다

이렇게 기본적으로는 괜찮아요
근데 위 ①~③은 조심해야 합니다~

**포인트란?**
상품·서비스의 구매에 맞추어 무상으로 주어지는 것 기본적으로 금융 규제 대상이 아니다

그렇군요~

# 12 NFT와 유가증권의 관계

유가증권의 발행이 종이 증권에서 디지털 증권으로 옮겨감에 따라, 금융상품거래법이 개정되어 몇 개의 카테고리로 분할되었다. 전자기록 이전권리와 같은 새로운 개념과 NFT의 관련성은 어떻게 변해갈까?

블록체인은 디지털 유가증권을 취급하므로 ① 관리자가 필요 없어 24시간 365일 거래할 수 있으므로 유통성 향상 ② 스마트 콘트랙트를 이용하여 증권 발행에서 상환까지 관리 자동화 및 관리 비용 절감 ③ 블록체인을 이용한 세컨더리 시장의 실현으로 금융상품의 다양화라는 장점이 생겨났다. 동시에 2019년 금상법 개정으로 「전자기록 이전권리」와 「전자기록 이전 유가증권 표시권리」 등 새로운 개념이 도입되어 블록체인상에서 발행되는 토큰에 표시한 디지털 증권의 일부에 대해 추가적인 규제를 마련했다.

전자기록 이전 유가증권 표시권리 등에는 블록체인상에서 토큰이라는 형태로 발행되는 유가증권 전반이 해당된다. 이러한 디지털 증권에는 발행자에 대해 일정한 정보 공개를 요구하는 규제(개시 규제)나, 취

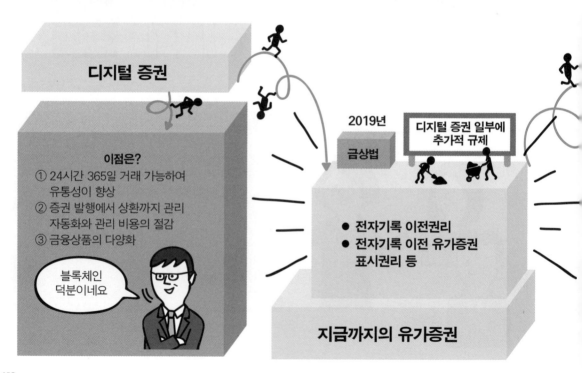

**디지털 증권의 특징은?**

디지털 증권

이점은?
① 24시간 365일 거래 가능하여 유통성이 향상
② 증권 발행에서 상환까지 관리 자동화와 관리 비용의 절감
③ 금융상품의 다양화

블록체인 덕분이네요

2019년 금상법

디지털 증권 일부에 추가적 규제

● 전자기록 이전권리
● 전자기록 이전 유가증권 표시권리 등

지금까지의 유가증권

급하는 업자에 대한 여러 규제(등록 규제, 행위 규제)가 통상의 유가증권보다 강화되고 있어 신중한 대응이
필요하다.

현재 NFT는 트레이딩 카드나 게임 캐릭터 등에 이용되는 경우가 대부분이어서 이러한 디지털 증권에
해당하는 사례는 거의 없지만, 미래에 가상공간에서 펼쳐지는 부동산 등의 NFT 거래가 활성화되면 유
가증권에 해당되는지 여부가 문제 될지도 모른다.

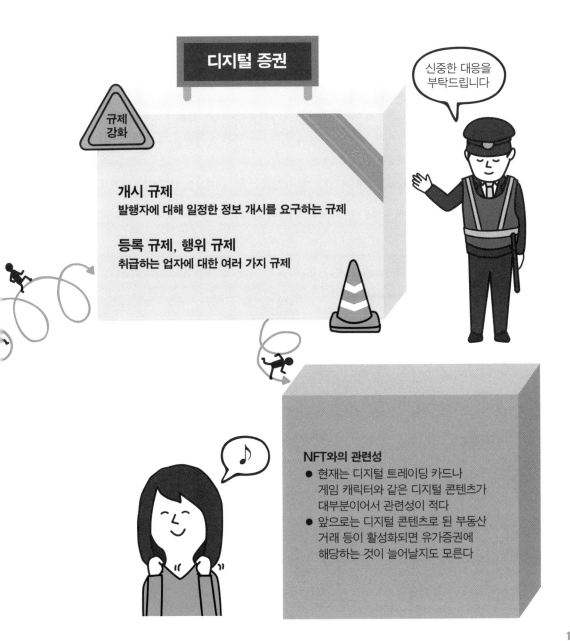

디지털 증권

신중한 대응을
부탁드립니다

규제
강화

**개시 규제**
발행자에 대해 일정한 정보 개시를 요구하는 규제

**등록 규제, 행위 규제**
취급하는 업자에 대한 여러 가지 규제

**NFT와의 관련성**
● 현재는 디지털 트레이딩 카드나
  게임 캐릭터와 같은 디지털 콘텐츠가
  대부분이어서 관련성이 적다
● 앞으로는 디지털 콘텐츠로 된 부동산
  거래 등이 활성화되면 유가증권에
  해당하는 것이 늘어날지도 모른다

# 13 블록체인 게임으로 특히 문제가 생기기 쉬운 도박죄

도박이라고 하면 카지노의 카드 게임이나 주사위 도박, 내기 마작이 연상되기 쉽지만, 디지털을 통한 도박도 퍼져가고 있다. 블록체인 게임에서 '도박죄'에 해당되는 경계는 어디에 있을까.

도박이 불법인 건 많은 사람이 알고 있다. 그러면 그 성립요건은 어떠한 것일까? 형법상의 도박에 관한 판례에 의하면, (a) 2인 이상의 사람이 (b) 우연한 승패에 따라 (c) 재물이나 재산상의 이익의 (d) 득실을 다투는 행위로써 (e) 일시적인 오락에 제공하는 물건을 내기에 거는 것에 그치지 않는 행위에 해당할 때 도박죄가 된다. 도박죄는 일본 국내에서 이루어진 행위일 때 성립되므로, 해외에서 한 도박 행위로 도박죄 추궁을 받지는 않는다. 하지만, 일본 거주자가 해외에 거점을 두는 온라인 카지노 서비스를 인터넷 상에서 이용하여 도박했을 때는 도박죄가 적용된다.*

그러면, NFT에 대한 도박죄의 경계선은 어디에 있을까. 대략적인 법리 해석을 보면, (a) 어떤 의미로든

---

\* 대한민국 형법은 속인주의가 적용되어 해외에서 국내법을 위반하더라도 대한민국의 형법을 적용받게 되므로, 도박이 합법인 외국에서 도박하는 행위도 도박죄를 적용받는다.

## 위법성의 경계를 살펴보다

도박의 상대방이 존재하지 않는다고 할 수 있다면 해당하지 않는다. (b) 우연성이 없는 상대와의 거래나 경매 형식 등은 해당하지 않는다. (c) 재산상의 이용 가치는 무형의 게임 등에도 적용된다. (d) 소비자에게 재산의 상실이 생기지 않는다고 합리적으로 말할 수 있다면 해당되지 않는다. (e) 극소액이 아니라면 해당된다.

따라서 보통의 NFT 거래나 경매 형식 등은 도박죄가 되지 않는다. 반면에, NFT로 발행되어 거래 가능한 디지털 트레이딩 카드를 '유상 뽑기'로 발매한 경우, 의도적인 가치의 차이가 생기므로 도박에 해당할 우려가 있다. 또한 도박죄 성립은 이용자가 금전이나 가상자산을 소비한 단계에서 성립되므로 승패와 관계없이 적용될 수 있다는 것에 주의해야 한다.

# 14 판매할 때 조심해야 할 경품표시법

상품이나 서비스에 대해 부당한 표시나 과도한 경품을 규제하는 법률이 일본의 「경품표시법」이다. NFT 에서 경품으로 거래를 할 때 어떠한 주의가 필요할까.

경품표시법은 소비자의 이익을 보호하고 합리적인 상품 선택을 방해하지 않기 위한 법률이다. 규제대상 으로 들 수 있는 것 중 하나가 「부당 표시 규제」이다. 이것은 소비자가 상품과 서비스 내용, 거래 조건에 대해서 실제의 내용보다도 현저하게 우량 또는 유리하다고 오해하는 표시를 규제하는 것이다. NFT 거 래에서 말하면, NFT 아트 판매에서 아트의 소유권도 이전할 수 있는 것으로 표시를 한 경우나, 실제로는 발생하지 않는 2차 사용권이 존재하는 것으로 오해하게 하는 표시가 해당될 수 있다. 그러므로 상품 출 품 시 조심할 필요가 있다.

또 하나가 「과대 경품 규제」로, 규제대상에 있는 「경품류」에 해당하는 요건은 (a) 고객을 유인하기 위한 수단으로써 (b) 사업자가 (c) 자기가 공급하는 상품 또는 서비스의 거래에 (d) 부수하여 (e) 제공하는

**NFT 판매 시는 「표시」와 「제공 방법」에 주의하자**

물품, 금전, 그 외 경제상의 이익이다. 규제 내용의 중심은 경품류의 제공 금액을 일정 범위로 제한하는 것이다. 누구나 받을 수 있는 경품류는 '소비자경품', 우연성이나 우열을 겨루어서 받을 수 있는 경품류는 '소비자현상경품'*이라고 불리며, 액수 제한에 차이가 있다. 위반자에게는 행정 지도, 조치 명령 등이 내려져 명령에 따르지 않으면 3억 엔(약 30억 원) 이하의 벌금이 부과된다. 더구나, 이른바 「컴플리트 가챠」(Complete Gacha, 수집형 뽑기. 랜덤 배출되는 것의 안에 특정 조합을 갖추었을 때 경품류를 부여하는 것)는 금지되어 있다.**

* '소비자경품'과 '소비자현상경품'은 대한민국 공정거래위원회에서 분류하는 경품의 명칭이다.
** 경품표시법의 부당 표시 규제는 우리나라에서는 공정거래위원회의 표시 광고의 공정화에 관한 법률에 해당하고, 과대 경품규제는 공정거래위원회의 경품류 제공에 관한 불공정거래행위의 유형 및 기준고시에 해당한다고 볼 수 있다. 다만, 수집형 뽑기를 포함한 확률형 아이템에 대한 규제법안은 현재 마련되어 있지 않으나, 게임산업법 일부 혹은 전부 개정안으로 발의는 되어있다.

# 15 NFT 토큰 발행자는 판매 시 회계처리를 어떻게 할까?

고객과의 거래로 발생하는 수익의 회계처리에는 「수익 인식 회계 기준」과 「수익 인식 적용지침」이 적용된다. NFT가 '기업의 통상적인 영업활동으로 생긴 아웃풋인 재화 또는 서비스'인 경우 수익 인식 회계 기준이 적용, 5가지의 순서를 밟는 것으로써 수익을 인식하게 된다.

① 「고객과 계약의 식별」 – 당사자가 계약을 승인해 의무의 이행을 약속했는지, 이전되는 재화나 서비스에 관한 각 당사자의 권리나 지불 조건을 식별할 수 있는지, 계약에 경제적 실질이 있는지, 대가의 회수 가능성이 큰지. 이런 관점에서 계약을 식별해 간다. ② 「계약의 이행 의무의 식별」 – 고객과의 계약 후 고객에게 이전하는 각각의 약속을 이행 의무로써 식별하는 것을 가리킨다. 토큰의 인도 후라도 보유자에게 보증하는 재화 또는 서비스 제공 의무가 있으면 해당 이행 의무도 식별할 필요가 있다. ③ 「거래가격의 산

## 회계처리를 정확한 순서로 진행해 보자

정」 - 토큰 발매로 기업에 예상되는 대가의 액수로, 계약 조건이나 거래 관행을 고려한다. ④「이행 의무에 대한 거래가격의 배분」 - ③에서 산정한 거래가격을 ②에서 식별한 이행 의무에 배분하는 것으로, 이는 복수의 이행 의무가 식별되어 있을 때만 필요하다. ⑤「이행 의무의 충족 시 또는 충족에 따라 수익을 인식」 - 이행 의무가 한 시기에 충족되는지, 일정 기간에 걸쳐서 충족되는지를 식별하고, 후자일 경우 의무 충족의 진척도를 평가하여 해당 진척도에 근거해 수익을 순차적으로 인식해 가는 것이다.

# 16 NFT의 토큰 제작 시 유념해야 할 비용 처리

NFT 토큰 제작으로 발행한 비용은 기존의 회계 기준 및 유사 비즈니스의 실무 관행을 참조하여 연구개발인지 소프트웨어 개발비인지, 콘텐츠 제작비인지 카테고리를 정해 회계처리를 할 필요가 있다. 비용별 목적이 다르므로 자사 토큰을 올바르게 파악하는 것은 필수다. 또한 소프트웨어 개발비의 일부가 연구개발비로 인식되거나, 소프트웨어 개발비와 콘텐츠 제작비가 분리되지 않는 경우도 염두에 두자.

「연구개발비」는 기존에 없던 제품·서비스 관련 아이디어를 끌어내기 위한 조사와 탐구, 조사·탐구를 통한 제품화·업무화 등의 목적으로 사용된다. 즉, 기존 상품과 비교하여 현저한 차이를 만들어 내는 제조 방법을 구체화하고, 시제품의 설계·제작·실험, 취득한 특허를 기초로 판매 가능한 제품을 제조하는 기술적 활동 등에 관한 비용이다.

「소프트웨어 개발비」는 자사 이용 목적과 판매 목적에 따라 다른데, 대부분 토큰 개발은 판매 목적이다.

## 회계 기준의 카테고리를 결정한다

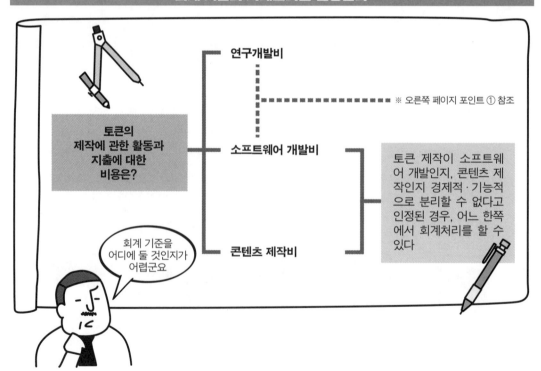

연구개발비

※ 오른쪽 페이지 포인트 ① 참조

토큰의 제작에 관한 활동과 지출에 대한 비용은?

소프트웨어 개발비

콘텐츠 제작비

토큰 제작이 소프트웨어 개발인지, 콘텐츠 제작인지 경제적·기능적으로 분리할 수 없다고 인정된 경우, 어느 한쪽에서 회계처리를 할 수 있다

회계 기준을 어디에 둘 것인지가 어렵군요

수주 제작이라고 할 수 있는 토큰의 경우, 도급공사의 회계처리에 준해 실무 관행 등에 따라서 각 계약에 근거한 '원가 처리'를 시행한다. 반면에, 시판되는 토큰이라고 할 수 있는 경우, 개발과 제조로 나누어 비용을 계상할 필요가 있다.

「콘텐츠 제작비」의 경우, 명확한 회계 기준은 없지만, 자산으로써 재고자산과 무형고정자산으로 계상하는 것을 생각할 수 있다. 비용에 관해서는 미래에 예상되는 수익을 견적 내어 실제 수익으로 상각하지만, 기말에 수입이 지출을 밑돌면 「재고자산평가손실」로 계상한다.

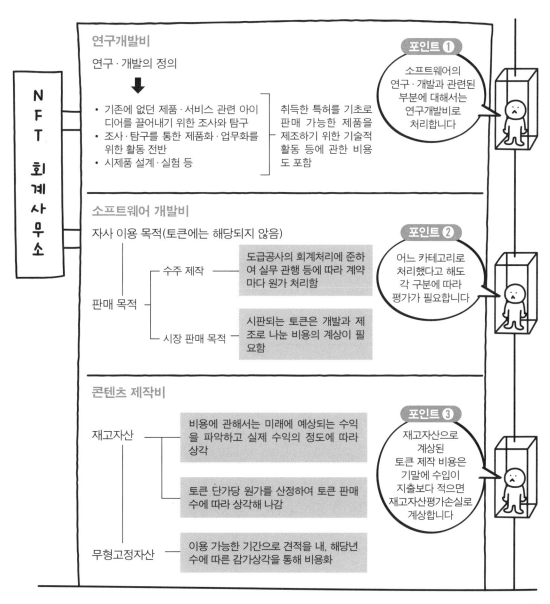

# 17 NFT 토큰 취득자는 회계처리를 어떻게 할까?

NFT 토큰을 제작, 판매자로부터 취득했을 때 어떠한 점에 유의하여 회계처리를 해야 할까? 주로 재고자산과 무형고정자산으로 분류하여 생각하지만, 토큰을 보유할 권리나 보유 목적에 따라서 구별을 한 후에, 확실하게 분류할 필요가 있다.

우선「재고자산」은 상품, 제품, 반제품, 원자재, 재공품 등의 자산, 기업이 영업 목적 달성을 위해 소유, 매각 등을 목적으로 한 자산, 또는 판매 활동 및 일반 관리 활동에 따라 단기간에 소비되는 사무용 소모품 등이 해당된다. 따라서 토큰의 구매가 판매 목적인 경우, 회계처리는 재고자산으로 한다.

「무형고정자산」은, 특허권, 상표권, 실용신안권, 의장권, 소프트웨어, 그 외에 무형 자산으로 유동 자산 또는 투자 자산에 속하지 않는 것(판권·저작권·영화사의 영상 저작권 등)을 계상할 필요가 있다. 토큰을 통해

## 보유한 권리에 따라서 회계처리를 한다

취득자(토큰을 '보유 권리' 및 '보유 목적'으로 구분)

### ❶ 재고자산

- 상품·제품·반제품·원재료·재공품 등의 자산
- 기업이 영업 목적 달성을 위하여 소유·매각 등을 목적으로 한 자산
- 판매 활동 및 일반 관리 활동에 있어서 단기간에 소비되는 사무용 소모품 등

일반 업무에 비교하면 힘겨운 작업이 많을 것 같다는 생각이 드네요

각각의 구분에 따라서 비용 및 자산평가 됩니다

보유한 권리를 예로 들면, 특허권은 조금 생각하기 어렵지만, 저작물이나 소프트웨어에 관해 어떤 이용권을 갖는 것은 충분히 생각할 수 있다. 이러한 권리가 회계상 어떻게 인식되는지를 정밀하게 조사한 다음, 자산으로 계상해 나갈 필요가 있다. 재고자산이든 무형고정자산이든 자산 구분에 따라 비용화 및 자산평가 되는 점은 변하지 않는다.

## ❷ 무형고정자산

# 18 NFT 거래에 관한 세무상의 처리는 어떻게 할까?

일본에서 NFT 토큰의 세무상 처리는 개인소득세, 법인세, 소비세가 각각 다르다. 또한 보유와 거래의 경우에도 각각의 성질에 따라 세세하게 나눌 수 있다. 여기에서는 거래에서의 과세에 관해 설명하겠다. 블록체인 게임 아이템으로 구성된 NFT를 예로, 거래상의 일반적인 과세에 대해 생각해 보자.

첫 번째가 「개인소득세」다. NFT의 거래에 따라 매각이익이 발생했을 때, 양도소득으로 취급되어 소득세가 과세된다. 반대로 구매했을 때보다 저렴한 가격으로 양도했을 때는 개인 간 거래의 경우 증여로 간주되어 구매자 측에 증여세가 발생할 수 있다. 또, 법인과 거래할 경우, 차액분이 소득(근무처로부터는 급여소득, 무관계의 상대로부터는 일시소득)이라고 하여, 소득세나 개인 주민세가 부과될 수 있다.

두 번째가 「법인세」다. 법인(개인 사업자도 포함)이 NFT를 구매한 경우, 구매 시 낸 금액을 취득 가격으로 하는 자산으로 인식된다. 이때 거래 시 시가보다 낮은 금액으로 취득한 경우는 구매 시의 시가와 구매 가격과의 차액 상당액을 수증이익으로 하여 법인세의 과세 소득금액의 이익금에 산입된다. 또, 매각 시

## 토큰을 거래할 때 적용되는 세금을 알아보자

**❶ 개인소득세**

● **취득 시**
(가격이 특가에 가까운 경우 문제가 된다)

개인 A　➡️　개인 B

A가 B에게 토큰을 양도하였을 때, '증여세'가 부과될 수 있다

법인 X　➡️　개인 C

C가 법인 X의 종업원 등으로 있으면 시가와 구입액의 차이는 급여소득으로 취급되고, 법인 X가 C와 무관계라면 일시소득으로 취급되어 어느 경우든 소득세, 개인 주민세가 부과될 수 있다

● **매각 시**
(매각이익이 난 경우 문제가 된다)
양도소득에 따른 소득세가 부과된다

의 양도 이익 또는 양도 손실은 과세 소득금액의 계산상, 이익금 또는 손실금의 액수에 산입된다.

세 번째가 「소비세」다.* 개인의 경우는 통상적으로는 대상이 되지 않지만, 개인 사업자나 법인이 일본 내에서 NFT를 매각했을 때는 원칙적으로 그 양도 대가에 소비세가 과세된다. 단, 기준 기간 중 과세 매출액이 1000만 엔(약 1억 원) 이하일 경우, 면세사업자가 되어 신고나 납세의 의무를 지지 않는다.**

* 우리나라의 부가가치세에 해당
** 우리나라에서는 현재 암호화폐가 가상자산으로 인정되어 과세 대상이지만, NFT를 가상자산으로 볼 것인가에 대해서는 아직 논의 중이며, 만약 가상자산으로 인정된다면 과세의 근거가 마련될 것으로 예상한다.

# COLUMN 알아 두어야 할 NFT 비즈니스 용어 ❹

## ● 저작인격권 ▶ p.123

저작자의 명예나 작품에 대한 애착을 지킬 권리. 재산권적인 성질을 가진 저작권과는 다른 권리다. 저작인격권은 이하의 4가지가 있다. 저작자가 작품의 공개를 인정할지를 판단해 그 시기나 장소를 결정하는 공표권. 작품의 저작자가 실명을 표시할지 등에 관련된 성명 표시권. 작품이 무단으로 수정되지 않기 위한 동일성 유지권. 작품이 저작자의 명예를 훼손하는 데 사용되지 않기 위해 명예와 명망을 해치는 방법으로 이용을 금지하는 권리다. 저작인격권은 저작권과 달리 양도할 수 없다. 보통은 저작자인 개인이 저작인격권을 갖지만, 회사의 업무로 만들어진 작품 등 「직무저작」의 요건을 충족할 때는 저작자 자체가 회사가 되어 회사가 저작인격권을 갖게 된다.

## ● 이용 허락(라이선스) ▶ p.123

저작자가 어떤 콘텐츠에 대해 사용권을 부여하는 것. 서적, 회화, 비디오 작품 등에 주로 해당된다. IT에 있어서는 저작권자인 제조사 측이 사용자에게 소프트웨어 이용을 허가하는 것을 가리키는 말로도 알려져 있다. 그 이용 허락의 내용은 통상 소프트웨어 제조사가 사용자에게 표시하고 동의를 구하는 약관에 따라 정해지고, 동의에 따라 성립되는 이용 허락 계약을 EULA(End User License Agreement)라고 부른다. 이용 허락을 받은 사람은 저작권자가 아니기 때문에 저작권을 주장할 수 없다는 점을 주의해야 한다.

## ● 이용약관 ▶ p.124

이용에 있어서 조건이나 규칙, 약속 사항이 기재된 것. 서비스 제공자와 사용자 간 공통으로 적용되는 규칙으로 작성되고, 사용자가 이에 동의함으로써 양자 간 약관에 정해진 내용으로 계약이 성립된다. 개인 사용자는 사업자보다 계약이나 제공되는 서비스, 상품에 대해 자세히 아는 것은 아니므로 소비자계약법에 따라 극단적으로 한쪽에게 유리한 규정은 무효로 하는 등 계약 내용에 일정한 제한을 두고 있다. 웹사이트 등에서는 불특정 다수의 이용자가 접속하기에, 서비스를 이용하는 사용자의 카테고리에 따라 여러 가지의 이용약관을 제시하는 때도 있다. 또, 개인정보 취급 관점에서 프라이버시 정책이 별도 표시되거나 동의를 요구하는 때도 많다.

## ● 자금결제법 ▶ p.132

일본의 자금 결제에 관한 법률의 약칭으로 선불식 지급수단, 가상자산, 자금 이동 등 다양한 자금 결제 수단을 그 대상으로 하는 법률. 2017년 4월에는 가상화폐 교환업에 관한 규제를 세계에서 앞장서서 도입하고, 이후 블록체인 영역에 있어 금융 규제 관련 법률 중 가장 중요한 법률의 하나로 인식되고 있다. 2019년 개정에 따라 2020년 5월 이후에는 「가상화폐」의 명칭이 「가상자산」으로 변경되었다.

## ● 선불식 지급수단 ▶ p.136

미리 대금을 내 두고, 쇼핑 시에 소비하는 지급 방법. 일본에서 선불식 지급수단은 세 종류가 있다. 상품권 등의 카탈로그 기프트 카드, 마그네틱 형 또는 IC 칩형의 선불카드, 인터넷상에서 사용하는 모바일 선불카드. 선불식 지급수단에는 발행자가 제공하는 상품이나 서비스 대금 지급에만 사용할 수 있는 '자가형 선불식 지급수단'과 다른 가맹점에 대해서도 사용할 수 있는 '제3자형 선불식 지급수단'이 있으며, 후자의 경우 사전등록을 받지 않으면 발행할 수 없다. 또한 선불식 지급수단에는 여러 규제가 있는데, 특히 1년에 2회 있는 기준일의 미사용 잔액 총액의 절반을 법무국에 공탁하여 보전해야만 한다.

## ● 컴플리트 가챠 ▶ p.145

온라인 게임에서는 돈을 지불하고 게임 아이템을 랜덤으로 얻는 '가챠'라고 불리는 구조가 발달해 왔다(장난감 가게 등에서 랜덤으로 장난감을 살 수 있는 '가챠가챠(의성어 철컥철컥)'에서 유래). 가챠의 발달에 따라 다양한 종류의 가챠가 등장했는데, 그중 「컴플리트 가챠」가 주목을 받았다. 이것은 가챠로 얻을 수 있는 아이템(예를 들면 A~Z의 26종류) 중에 특정 아이템의 조합(예를 들면 ABCDE)을 전부 획득하면(='컴플리트'한다) 특전으로써 다른 아이템을 얻을 수 있는 구조다. 특전을 얻기 위해서는 가챠를 몇 번이라도 돌려 특정 조합을 모두 갖추지 않으면 안 된다. 온라인 게임의 중심이 SNS상의 '소셜 게임'이었던 2011년경부터 컴플리트 가챠가 구현된 소셜 게임이 대히트를 치고, 수집의 특전을 얻기 위해 많은 액수의 돈을 소비하는 사용자가 속출했다. 이후 2012년 5월경 컴플리트 가챠가 경품표시법을 위반할 우려가 있다고 신문 등에 보도되었고, 당시 SNS 사업자가 막대한 이익을 내는 현상이 단숨에 세간의 주목을 받았다. 구체적으로는 경품표시법상 규제되는 '카드 맞추기'에 해당하는 것이 아니냐는 지적이었다. 결국, 소비자청(한국소비자원의 개념)이 '카드 맞추기'에 해당된다는 것을 인정함으로써, 컴플리트 가챠 효과로 급속도로 규모가 확대되던 소셜 게임 업계 전체가 규제를 받게 되었다.

# CHAPTER 5

## 음악, 패션, 스포츠…
## 다양한 NFT
## 비즈니스의 세계

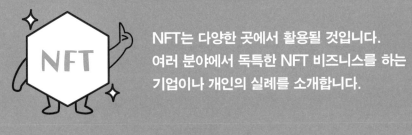

NFT는 다양한 곳에서 활용될 것입니다.
여러 분야에서 독특한 NFT 비즈니스를 하는
기업이나 개인의 실례를 소개합니다.

# 01 NFT × 메타버스 ①
# 메타버스란 무엇인가

「메타버스」란 인터넷상에 구축된 「가상공간」을 말한다. 전 세계의 다양한 사용자가 접속해, 그 가상 세계에서 놀거나 일을 하거나 현실 세계와 다르지 않은 경제활동을 할 수 있다.

메타버스는 SF 작가 닐 스티븐슨[Neal Town Stephenson]이 제창한 개념으로, '메타(고차원의)'와 '유니버스(세계)'를 조합한 합성어. 구체적으로는 '인터넷상에 구축된 가상의 3차원 공간에서 아바타 등을 사용하여 접속하는 환경'을 말한다. 지금까지 메타버스를 지향한 몇 가지의 서비스가 있었는데, 2019년에 페이스북 호라이즌[Facebook Horizon](Horizon Worlds로 개칭)이 발표되면서 많은 사람이 메타버스에 관해 알게 되었다.

현재 메타버스라고 표현되는 서비스에는 두 종류가 있는데, 호라이즌 월드와 같은 '완전한 가상 세계'와 포켓몬 GO와 같은 '현실 공간 내포형'으로 분류된다. 완전한 가상 세계란 영화 〈레디 플레이어 원〉에서 그려진 가상 세계라고 하면 이해하기 쉬울 것이다. 반면에 현실 공간 내포형은 현실 세계도 가상공간

## 많은 사용자나 기업이 접속해 활동하는 가상공간

메타(고차원의)
+
유니버스(세계)
=
메타버스
(완전한 가상 세계)

158

의 일부로 가상과 현실이 공존하는 공간을 무대로 하는 것이 큰 특징이다. 벤처 투자가인 매튜 볼<sup>Matthew</sup>
<sup>Ball</sup>은 메타버스에 대해 ① 영속적일 것 ② 같은 시기에 있을 것 ③ 무한 동시 접속 사용자 ④ 완전한 경제
기능 ⑤ 실제 사회와의 장벽 없음 ⑥ 상호운용성 ⑦ 폭넓은 사람들의 공헌이라는 7가지를 필수조건으로
들었다. 앞으로도 메타버스는 이 조건을 기본으로 발전할 것으로 생각된다.

메타버스의 7가지 조건

# 02 NFT × 메타버스 ❷ NFT가 이끌 오픈 메타버스의 시대

「오픈 메타버스」란, 다양한 가상공간이나 SNS, 이커머스를 넘나들며 디지털 데이터의 교환이 가능한 공간을 말한다. 그리고 오픈 메타버스상에서 각각의 디지털 데이터의 가치를 보장해 주는 것이 NFT이다.

지금까지의 메타버스라고 하면 하나의 게임 타이틀 안에서만 완결되는 형식이었다. 이것을 '폐쇄형 메타버스'라고 말한다. 게임 중에 다양한 아이템을 입수하지만, 유료, 무료를 불문하고 그 가치는 그 게임 안에서만 존재한다. 왜냐하면 게임마다 독자적인 프로그램으로 가상공간이 구축되어 있어 외부와 디지털 데이터를 교환하는 범용성이 없었기 때문이다. 그러나 '오픈 메타버스'라는 개념의 등장으로 그 전제가 확 바뀌고 있다.

오픈 메타버스란, 가상공간 내의 디지털 데이터에 폭넓은 범용성을 갖게 해 캐릭터나 아이템, 프리미엄 상품 등을 외부의 다른 공간으로 가지고 나와, 상호 교류를 도모할 수 있는 공간 혹은 개념이다.

## 폐쇄형 메타버스와 오픈 메타버스의 차이

레어 아이템

과금 아이템

게임 공간

레어 아이템

레어 아이템

**폐쇄형 메타버스**

하나의 가상공간에서 얻거나 구매한 아이템은 그 공간과 앱에서만 사용할 수 있다

과금 아이템

예를 들면, 게임 공간에서 얻은 아이템을 다른 게임이나 서비스에도 가지고 들어가 사용하거나, SNS상에서 다른 사용자와 교환하거나, 이커머스상에서 매매하는 것이 가능할지도 모른다. 게다가 새로운 아이템을 개발해 가상공간으로 가지고 와서 사용할 수 있을지 모른다. 이러한 상황을 특정 서비스 제공자에게 의존하지 않고 실현하려면, 중앙시스템이 모든 아이템을 관리하고 게임 내 가치를 보장해 주던 폐쇄형 메타버스와 달리, 디지털 데이터의 존재나 거래가 올바르다는 것을 중앙관리자 없이 기록하고 증명할 수 있는 구조가 필요하다. 그것을 실현하는 것이 블록체인 기술이며, NFT 기술은 그 기록 장부를 이용해 세계에서 단 하나의 디지털 데이터임을 증명한다.

오픈 메타버스

다른 가상공간이나 앱에서
얻거나 구매한 아이템을 이동한
곳에서도 사용할 수 있다

게임 공간

아이템을
얻음

게임 플레이

아이템을
구매

이커머스

아이템을 구매

가상공간

SNS

아이템을 교환
아이템을 개발
아이템을 매매

# 03 NFT × 메타버스 ❸
# 크립토복셀

가상공간에서는「토지」=「공간」을 활용하여 경제활동을 전개한다. 토지 소유자가 주도적으로 개발하고, 그것에 협력하여 대가를 얻는 사용자, 이벤트에 참여하는 사용자의 존재에 따라 가상공간의 경제가 움직인다.

메타버스는 현실과 같은 사회생활을 하는 가상공간이다. 그러므로 사용자는 자신이 활동하기 위한 '공간(토지)'을 확보하는 것부터 시작할 필요가 있다. 구체적으로는 가상공간 내에서 NFT화된 토지를 구매하거나 토지 소유자로부터 대여한다. 그리고 그 장소를 개발해서 건물을 세우고 경제활동의 기반으로 삼는다. 개인은 아이템을 만들기 위한 작업실이나 공장을, 기업은 사무실이나 이벤트 공간, 점포 등을 만든다. 물론, 고객을 모을 능력만 있으면 개인도 기업과 같은 레벨의 개발이나 이벤트 개최를 할 수 있다.

크립토복셀Cryptovoxels이 전개하고 있는 메타버스를 예로 들면, 사용자는 토지를 자유롭게 개발할 수 있고,

## 메타버스는 토지를 소유해 활용함으로써 활성화된다

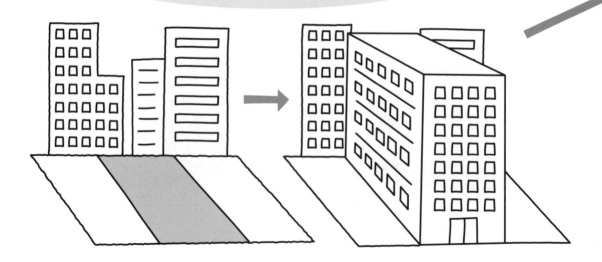

**토지를 소유하고 목적에 맞게
건물이나 공간을 연출하는 것이 기본**

거기에 자신의 NFT 아트나 아이템 등을 장식할 수 있다. 물론 다수의 사용자가 모여 전시 이벤트를 개최할 수도 있다. 그 공간을 방문해야만 볼 수 있는 NFT 아트를 갖춘 전시공간에서는 현실 세계의 미술관을 방문하는 것과 완전히 똑같은 체험을 할 수 있다. 가상공간 개발은 혼자서 할 필요가 없으며 건축이나 디자인에 숙련된 사용자에게 의뢰하거나 이미 디자인이 된 건축물 아이템을 살 수도 있다. 그리고 그런 아이템의 하나하나가 NFT로 유통되어 가상공간의 경제가 움직인다.

크립토복셀Cryptovoxels 디센트럴랜드Decentraland 등

일반 사용자

기업이 가상 오피스를 만들거나 이벤트 공간으로 활용

여기에 나의 NFT 아트를 빌려주자!

이 공간을 내가 디자인해 주지!

아티팩트RTFKT 등

아바타용 NFT 패션을 개발·판매

상품을 디자인해서 팔아볼까?

# 04

## NFT × 메타버스 ❹
## 컬렉터블 NFT

동일 포맷으로 그려졌지만, 하나도 같은 그림이 없는 「컬렉터블 NFT」. 이 NFT를 소유함으로써 다양한 혜택을 얻을 수 있으며 게다가 커뮤니티가 활성화되어 NFT 그 자체의 자산가치가 커지고 있다.

컬렉터블 NFT란 이른바 트레이딩 카드와 같이 수집을 주된 목적으로 하는 NFT 전반을 가리키는 말로, 전형적으로는 동일 포맷 상에 그려진 수천, 수만 단위의 서로 다른 그림이 그려진 작품군을 말한다. 그 하나하나가 NFT로 판매되고 구매자는 이를 자신의 프로필 이미지나 아이콘으로 사용하거나 매매할 수 있다. 유명한 예로는 「크립토펑크<sup>CryptoPunks</sup>」, 「해시마스크<sup>Hashmasks</sup>」, 「지루한 원숭이 요트 클럽<sup>Bored Ape Yacht Club</sup>」 등의 작품군이 알려져 있다.

컬렉터블 NFT는 단순히 아이콘 등으로 사용되는 것만이 아니라 컬렉터블 NFT 구매자만이 참가할 수

## 연대감과 귀속 의식을 높이는 컬렉터블 NFT

### 컬렉터블 NFT란?

동일한 포맷으로 다른 그림이 1만 가지 정도 있고, 이것을 자신만의 용도로 구매해 사용할 수 있다

있는 이벤트가 개최되는 등 일종의 회원권 기능을 가지기도 한다. 또 명시적으로 그러한 기능이 없더라도, NFT나 web3 같은 분야를 지지하는 완곡한 연대의 증거로 간주되기도 한다. 또, 아이돌이나 스포츠 같은 특정한 부분에서 팬 전용의 NFT 발행이 늘어나고 있다. 이런 경우, NFT를 보유하고 있다면 얻을 수 있는 구체적인 특전이 명확할 때가 많다.

이처럼 컬렉터블 NFT는 동일한 포맷의 NFT를 소지한 사람들끼리 유대감과 귀속 의식을 높이는 작용도 있어 커뮤니티 활동이 활성화되고, 이로 인해 그 커뮤니티 및 NFT의 자산가치를 보다 높이는 효과를 낳는다.

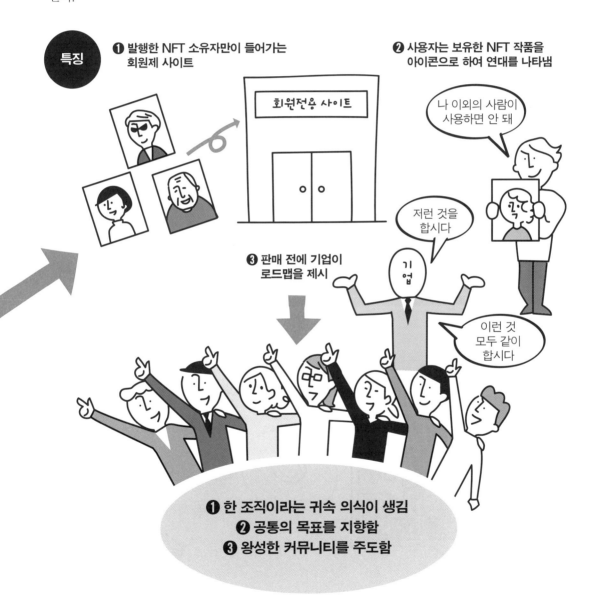

특징

❶ 발행한 NFT 소유자만이 들어가는
회원제 사이트

회원전용 사이트

❷ 사용자는 보유한 NFT 작품을
아이콘으로 하여 연대를 나타냄

나 이외의 사람이
사용하면 안 돼

저런 것을
합시다

기업

❸ 판매 전에 기업이
로드맵을 제시

이런 것
모두 같이
합시다

❶ 한 조직이라는 귀속 의식이 생김
❷ 공통의 목표를 지향함
❸ 왕성한 커뮤니티를 주도함

# 05

## NFT×스포츠 ❶
# 팬 베이스에 새로운 가치를 제공

다양한 상품을 제공해서 팬을 기쁘게 하는 프로 스포츠의 세계에도 NFT의 물결이 몰려들고 있다. 스포츠 업계에서는 어떻게 NFT를 활용하고 있을까.

프로 스포츠팀이 팬에게 제공하는 프리미엄 아이템이라고 하면, 이전에는 선수의 '트레이딩 카드'나 시합 내용을 수록한 영상물 및 서적, 선수가 착용하는 유니폼의 레플리카나 슈즈 등이었다. 팬은 그러한 상품을 구매하고, 때로는 그것을 착용하고 객석이나 TV 앞에서 목이 쉬도록 선수들을 응원하였다. 그중에는 소량만 생산해 입수가 힘든 레어 아이템도 있어서 그것들이 고가에 거래되기도 하고, 시장에 전혀 유통되지 않고 열성스러운 수집가가 보관하기도 한다. 선수가 착용한 유니폼 조각이 봉입된 트레이딩 카드 1장이 수천만 원의 가치를 가지기도 한다.

이러한 '팬 베이스'의 아이템에도 지금 NFT가 도입되고 있다. 큰 화제를 모았던 예로, 리오넬 메시 선수

**NFT를 활용한 새로운 형태의 팬 서비스**

**이전의 프로 스포츠 관련 상품**

레플리카 유니폼이나 슈즈

트레이딩 카드

DVD

10

의 사진이 컬렉터블 NFT화된 「Messiverse」는 1점 한정의 NFT가 5만 달러, 75점 한정 NFT는 1만 달러에 출시되었다.

앞으로도 퍼즐과 같은 형태로 하나의 아트를 세분화하여 판매하고, 여러 소유자의 NFT가 모여 하나의 아트를 구성하는 형식의 상품이 차례차례 나올 것이다. 또한 다양한 선수의 NFT 트레이딩 카드를 모아 팀 덱을 구성하고, 다른 사용자와 싸워 승리함으로써 팀 덱의 자산가치를 높여 가는 재미도 NFT 트레이딩 카드가 가진 매력이다.

## NFT를 통한 상품

**유명 선수의 사진을 NFT화해서 소유권을 분할 판매**

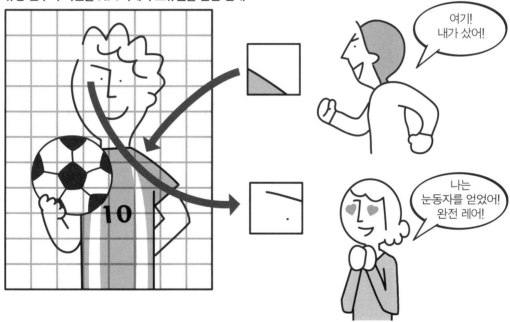

**선수의 NFT 카드를 발행**

모은 카드를 조합하여
팀 덱을 만들고,
랭킹이 올라가면
카드의 가치도 상승

# 06 NFT × 스포츠 ❷
# 칠리즈

다양한 트레이딩 카드 제조사들이 기존의 카드를 발전시키는 형태로 NFT를 도입하고 있는 가운데 가상 공간과 현실 공간을 넘나드는 「팬 토큰」의 활용법이 주목받고 있다.

트레이딩 카드 제조사들이 팬들을 대상으로 다양한 프로 스포츠팀의 NFT 아이템을 제공하고 있다. 그 중에 칠리즈는 독자적인 전략으로 팬층을 확보한 브랜드로, 저명한 축구팀에 더해 종합 격투기 단체나 NFT와 케미가 좋은 e스포츠팀 등과도 계약을 맺어 팬 토큰을 발행하고 있다.

칠리즈가 사용한 혁신적인 시스템은 팬 토큰을 소유하면 팀이 개최하는 공식 투표 이벤트에 참가권이 주어진다는 것이다. 이 투표에 블록체인이 사용되어 팬은 오픈 형식으로 의견을 제시하고, 이것이 팀에 전달된다. 지금까지 페이스북이나 트위터를 통한 투표 시스템에서는 투표 하나하나를 팀이나 관리하는

## 팬이 팀의 활동에 여러 형태로 참가할 수 있다

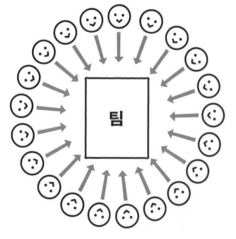

**기존의 팬 참가 시스템**

앙케트 결과 등 팬들의 의견이
개별로 팀에 전달되어 결과를 읽어낸다

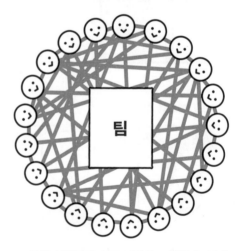

**NFT를 활용한 팬 참가 시스템**

모든 사용자가 서로 의견을 교환할 수 있어
투명성 높은 논의가 가능하다

단체에서 정리해 전체적인 의견이나 결과를 읽어내야만 했다. 그러나 블록체인을 활용하면 투표에 참여한 측도 실시간으로 그 결과를 관찰할 수 있다. 팀 운영에 자신의 의견이 반영되는 과정을 고스란히 보는 일은 지금까지는 없던 체험일 것이다. 또한, 팬과 선수가 교류하는 이벤트 참가권이나 새로운 공식 상품을 우선 입수할 수 있는 특전도 있어서, 가상공간과 현실 공간을 넘나들며 팀을 응원할 수 있는 시스템이 구축되어 있다.

# 07 NFT×트레이딩 카드 ❶ NFT로 생기는 장점

NFT 트레이딩 카드는 손상의 염려가 없고, NFT가 기록되어 있는 블록체인과 카드 이미지 등의 데이터를 저장해 열람할 수 있는 구조가 유지되는 한, 변하지 않는 가치를 누릴 수 있다.

스포츠의 트레이딩 카드에는 대량으로 인쇄되어 입수도 쉬운 '노멀 카드' 외에, 인쇄 매수가 제한된 '레어 카드', 특수 가공 등이 입혀진 '스페셜 레어' 카드 등이 있어 각각 가치가 크게 다르다. 또 유명 선수의 무명 시절 카드는 대량으로 인쇄되어 있음에도 불구하고 남아있는 수량이 적어서 가치가 상승하기도 한다. 그런 종이 카드의 최대의 난관은 보존성이다. 특히 코어팬은 카드가 손상되지 않도록 슬리브라고 불리는 비닐봉지에 1장씩 수납하거나 전용 앨범에 수납하는 등 상당히 신경을 써 왔다. 그런데도 도난이나 분실, 화재나 수해 등으로 소실될 위험이 있고, 게다가 위조 카드의 유통으로 진위성을 의심받는 일도 적

## NFT 트레이딩 카드의 장점

종이 트레이딩 카드

제법 신경이 쓰이네

손상과 흠집을 피하고자 슬리브에 넣거나 앨범에 소중히 보관해야 한다

그 외에도
● 분실 및 도난의 두려움
● 화재 및 수해로 인한 소실
● 위조의 유통

지 않았다.

그러나 NFT 카드로 있다면, 카드 한장 한장의 이력이 블록체인상에 기록되기 때문에, 그것이 진품이고 자기가 보유한다는 사실을 쉽게 증명할 수 있다. 또한 데이터이기 때문에 그 기록이나 이용 구조가 유지되는 한, 기존의 트레이딩 카드처럼 손상이나 분실을 걱정할 필요도 없다. 만약 선수 본인이 보유했던 이력이 있는 카드라면, 사인이 들어간 종이 카드 이상의 '부가가치'나 '로열티'를 만들어 낼 수도 있다. 현시점에서는 종이 카드와 비교하여 초기부터 고액으로 거래되기 쉽다는 문제도 있지만, 그것을 뛰어넘고도 남는 장점이 있다고 할 수 있다.

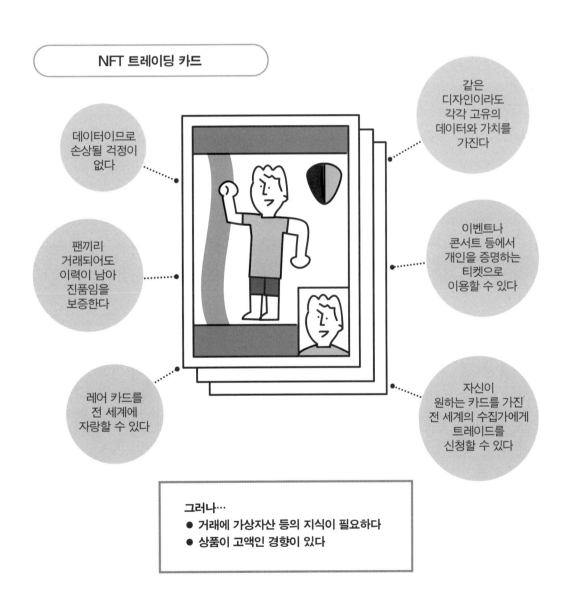

NFT 트레이딩 카드

- 데이터이므로 손상될 걱정이 없다
- 같은 디자인이라도 각각 고유의 데이터와 가치를 가진다
- 팬끼리 거래되어도 이력이 남아 진품임을 보증한다
- 이벤트나 콘서트 등에서 개인을 증명하는 티켓으로 이용할 수 있다
- 레어 카드를 전 세계에 자랑할 수 있다
- 자신이 원하는 카드를 가진 전 세계의 수집가에게 트레이드를 신청할 수 있다

그러나…
- 거래에 가상자산 등의 지식이 필요하다
- 상품이 고액인 경향이 있다

# 08 NFT×트레이딩 카드 ❷
# 전통 업체의 진출과 신흥 업체의 혁신적 서비스

NFT 트레이딩 카드는 종이 카드에 없었던 다양한 기능을 구현해 업체들은 각자 독특한 상품을 내놓고 있다. 예를 들어 운동선수의 성적이 카드에 수시로 반영되거나 카드 게임으로 이용되기도 한다.

컬렉션 성격이 높은 아이템이 발전해 나가기 위해서는 얼마나 많은 팬이 가치를 인정하고 그 가치가 계속 유지될지가 중요한 분수령이 될 것이다. 그런 점에서 트레이딩 카드 업계에서 전통 있는 회사로 불리는 더톱스컴퍼니The Topps Company의 NFT 비즈니스 진출은 의미 있는 일이라 말할 수 있다. 카드 업계에서 중추적 존재로 평가되는 이 회사가 NFT 비즈니스에 참여함에 따라 트레이딩 카드 팬들은 NFT 트레이딩 카드 장르의 확대와 지속을 확신하게 될 것이다.

한편, 신흥 업체가 아니고는 할 수 없는 혁신적 서비스도 주목할 필요가 있다. 소레어Sorare가 판매하는 축

## 확장되는 NFT 트레이딩 카드의 세계

**Sorare**

실제 축구선수의 스코어가 카드에 반영되어
자신이 보유한 NFT 카드로 짠 팀 덱으로
다른 사용자와 시합할 수 있다

구선수의 NFT 카드는 단순히 컬렉션을 하는 것만이 아니다. 각 시즌의 실제 시합 성적이 카드 정보에 추가되고, 이러한 카드를 조합해 팀 덱을 만들어 다른 팬의 덱과 대전하는 게임을 즐길 수 있다.

일본 국내에서는 SKE48의 라이브 풍경을 카드화한 트레이딩 카드를 크립토 스펠스Crypto Spells의 카드 배틀에 사용할 수 있게 하거나, 베이비메탈BABYMETAL이 아날로그 레코드와 NFT 카드 10매를 세트로 한 한정 상품 1,000점을 출시하는 등 현실 세계와 가상공간을 혼합한 상품 발매가 주목받고 있다.

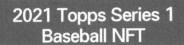

트레이딩 카드 업계에서 전통 있는 회사인 The Topps Company의 NFT 참여로 업계가 단번에 활성화됨

### NFT 트레이딩 카드

SKE48의 라이브 이미지를 NFT 카드화함 Crypto Spells 내 카드 배틀에서 사용 가능

1,000세트 한정

아날로그 레코드와 NFT 카드를 세트로 판매

# 09 NFT × 패션 ①
# NFT가 해결하는 패션업계의 문제

제품을 생산하는 과정에서 환경 부하가 높다고 알려져 있는 패션업계. 그러나 가상공간에서 전개되는 패션 세계는 환경에 영향을 끼치지 않고 재능을 발굴할 수 있는 새로운 시대의 프런티어다.

평소에는 그다지 인식하지 못하지만, 사실 패션업계는 환경 오염이 높은 산업 중 하나다. 패션산업이 배출하는 이산화탄소량은 전 산업의 10%를 차지하고 배출되는 폐수량은 무려 전 산업의 20%이다. 이로 인해, 환경 문제에 대한 개선이 강력하게 제기되고 있어서, 해결해야만 하는 중요한 과제를 안고 있다.

그래서 주목받고 있는 것이 가상공간의 패션산업이다. 현실 세계에서 사람이 살고 생활하는 한, 의복을 생략할 수는 없지만, 가상공간으로 경제활동의 비중을 옮기고 소비자가 가상공간 내의 패션에 더 관심을 갖게 되면, 현실 세계에서 패션업계의 경제활동이 줄어들고 이산화탄소나 공업폐수의 배출량 또한 줄일 수 있다.

패션의 프런티어가 되는 NFT의 세계

패션 산업이 배출하는 이산화탄소는 전 산업의 10%!

패션 산업이 배출하는 폐수량은 전 산업의 20%!

게다가 가상공간이기 때문에 표현할 수 있는 디자인도 수없이 많아 패션업계의 프런티어로써 유럽의 기업이나 신흥 의류 브랜드들이 NFT 세계에 뜨거운 시선을 보내고 있다. 또한 새로운 디자인에 NFT를 부여함으로써 희소성을 높일 수 있고 그 활용 범위도 크게 넓어진다. 디자인이 완성되면 즉시 패션 상품으로 유통할 수 있어서 환경에 미치는 영향도 최소한으로 억제할 수 있다. 아마추어 디자이너가 작품을 손쉽게 발표할 기회도 생기고, 그들의 새로운 재능이 혁신적인 패션을 전개할 수도 있다.

**NFT로 구현한 패션 디자인**

물리적인 생산이
필요 없으므로
환경에 미치는 영향도 없고
재고 걱정도 없다
NFT를 활용한 희소성도
매력 중 하나

# 10 NFT×패션 ②
# 아트와의 융합

세계적인 패션 브랜드도 자체 활동에 NFT를 도입하는 일이 많아지고 있다. 캠페인의 하나로 NFT를 부여한 아트 작품을 발행하는 등, 기존의 고객층을 넘어 광범위한 사용자들을 향해 어필하고 있다.

세계적인 패션 브랜드 구찌Gucci는 2021년, 회사의 세계관을 표현하는 동영상을 만들었다. 큰 문이 열리며 드레스를 입은 여성이 나타나고 백마가 달려오는 모습으로 새로움의 호소, 생명 탄생의 찬미, 어둠이 빛과 희망으로 옮겨지는 이미지를 표현했다.

이 동영상은 전통 있는 옥션 하우스인 크리스티스의 웹 사이트에 공개되어 NFT화된 '유일물'로써 2만5천 달러(약 3천1백만 원)에 낙찰되었다. 구찌는 이 수익금을 유니세프의 코로나 대책팀에 기부했다고 발표했고, 이는 NFT가 현실 세계와 긍정적으로 연결된 예라 할 수 있다.

## 패션 브랜드가 보여주는 NFT 아트의 가능성

### Gucci

2021년, 옥션 하우스 크리스티스에 브랜드의 가치관을 표현한 동영상을 발표. 그 동영상은 NFT화되어 경매에서 낙찰

루이비통<sup>Louis Vuitton</sup>도 NFT를 도입한 독특한 시도를 했다. 2021년, 창업자 탄생 200주년을 기념해 모바일 게임 「LOUIS THE GAME」을 발표했다. 회사의 엠블럼을 곁들인 형형색색의 캐릭터가 가상 세계를 돌아다니며 여행하고, 각지에 흩어져 있는 캔들을 모으는 방식인데, 그 여행 중에 '골든 포스트 카드'를 얻으면, LV사가 발행하는 NFT 아트의 추첨에 응모할 수 있다. 게다가 총 30종인 NFT 아트 중에 10점은 세계적인 유명 디지털 아티스트인 비플이 관여한 것으로 발표되어 상당한 자산가치가 있을 것으로 예상한다. 이처럼 NFT 기술을 활용한 경제활동은 이미 우리 가까이 다가오고 있다.

가상 세계의 각지에 흩어져 있는 캔들을 모으며 여행하는 모바일 게임을 출시, 여행 도중에 '골든 포스트 카드'를 얻으면 LV사가 발행하는 NFT 아트의 추첨에 응모

# 11 NFT × 패션 ❸ 메타버스에서의 활용

획일적인 「아바타」의 패션을 외부에서 입수한 NFT 패션 아이템으로 갈아입히는 서비스나, 자신의 얼굴과 NFT 패션을 합성해 주는 서비스 등이 점점 늘어나 패션의 응용 범위가 넓어지고 있다.

메타버스에서 활동하는 아바타는 초기 단계에서는 어딘가 획일적이고 개성이 없는 디자인이 되기 쉽다. 그래서 다른 사용자와는 다른, 자신만의 개성을 표현하고 싶을 때 가장 쉽고 효과적인 방법이 아바타의 패션을 변경하는 것이다.

이더리움을 사용한 분산형 메타버스 「디센트럴랜드Decentraland」는 이것의 선구자적 존재다. 사용자는 NFT의 마켓플레이스에서 디센트럴랜드를 지원하는 NFT 패션 아이템을 구매하고, 디센트럴랜드에 로그인하여 구매해 둔 NFT 아이템을 선택하면 자신의 아바타 패션을 갈아입힐 수 있다.

## NFT를 활용한 나만의 패션

**Decentraland**

NFT 마켓플레이스

패션 브랜드

NFT 패션이나 아바타를 구매

구매한 것을 활용할 수 있는 메타버스 내에서 이용

디센트럴랜드에서 승인을 받아 외부에서 사용하는 아바타용 패션 등을 디자인해서 NFT화 할 수도 있다

이렇게 하면 메타버스 내 디폴트 패션과는 다른 나만의 색다른 모습을 보여줄 수 있게 된다. 또한 디센트럴랜드에서 승인을 받아 NFT 패션을 디자인하여 마켓플레이스에서 판매할 수도 있어, 경제활동의 폭도 넓어진다. 아바타 그 자체를 디자인해서 판매하는 서비스도 있어 그 가능성은 무한하다. 그중, NFT 패션 하나가 9500달러(약 1170만 원)에 낙찰되기도 했다.

이 외에 NFT상에서만 존재하는 패션을 구매해 NFT를 발행한 기업에 자신의 얼굴 사진을 송신하면, 자신이 그 패션을 착용한 모습의 이미지를 보내주는 서비스도 탄생했다.

## NFT 패션을 디지털상에서 착용할 수 있는 서비스

NFT 패션을 구매

내 사진을
NFT를 발행한 회사에 전송

패션과 내 얼굴이 합성된
이미지가 도착

경매에서
9500달러라는 고액으로
낙찰된 NFT 패션!

인터넷상에 공개 가능
자신의 아이콘에도
사용할 수 있음

# 12

## NFT×패션 ④
# 현실과의 콜라보

NFT는 가상공간에서 취급하는 디지털 데이터지만, 패션업계에서 이러한 개념을 뒤엎는 새로운 시도를 하고 있다. NFT 패션을 실제 착용 가능한 상품으로 제공하는 브랜드가 나타나기 시작한 것이다.

돌체&가바나<sup>Dolce&Gabbana</sup>가 2021년에 발표한 '제네시스 컬렉션<sup>Collezione Genesi</sup>'이 큰 반향을 불러일으켰다. NFT로 출품된 총 9점 중에 티아라 등 보석 장식품 4점은 NFT로만, 패션 5점은 NFT 패션과 실제로 사람이 착용할 수 있게 같은 디자인으로 만든 '단 하나뿐'인 드레스를 세트로 선보였다. 가상공간이 전제된 대담한 디자인이 구현되는 과정은 상당히 자극적이었다. 무엇보다 이 9점의 낙찰 합계액이 약 60억 원이라는 것이 주목을 받았다.

## 가상공간이 전제된 대담한 패션

### Dolce & Gabbana

티아라 등은 NFT로만

단 하나뿐인 드레스

NFT 패션

**패션 5점과 보석 장식류 4점이
약 60억 원에 낙찰!**

이보다 더 가깝게 느껴지는 사례를 살펴보면, 아티팩트<sup>RTFKT</sup>가 출시한 스니커즈 NFT다. 아티팩트는 NFT 아티스트 푸오셔스<sup>FEWOCiOUS</sup>와의 콜라보레이션으로 다양한 디자인의 스니커즈를 NFT로 판매하였다. 이 스니커즈를 6주간 소유한 후 아티팩트 특설 사이트에서 신청하면, 같은 디자인의 스니커즈를 입수할 수 있다. 하나의 NFT에 스니커즈가 제공되는 것은 한 번뿐이지만, 그 후에도 NFT를 매매하는 것은 가능하다. NFT만으로도 300만 원 전후의 가격으로 유통되어, 그 인기가 높음을 엿볼 수 있다.

이렇게 유명 패션 디자이너가 NFT와 콜라보하는 모습은 향후 더 자주 만날 수 있을 듯하다.

## 스니커즈 붐은 NFT에도!

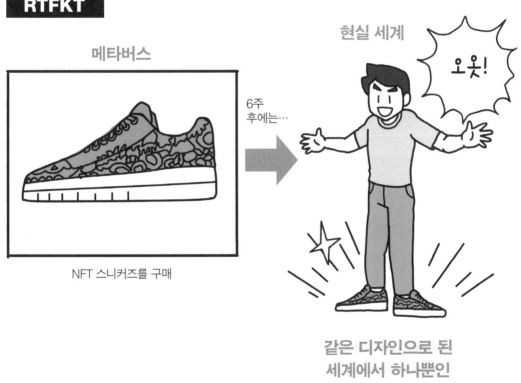

**RTFKT**

메타버스

현실 세계

오옷!

6주 후에는…

NFT 스니커즈를 구매

**같은 디자인으로 된 세계에서 하나뿐인 스니커즈를 입수!**

# 13 NFT×음악 ❶ 구독 서비스의 미래

이전에 음악이 LP 음반이나 CD를 구매하여 재생을 즐기는 스타일이었다면, 현재는 구독 서비스가 이끄는 음악 전송 서비스 형태가 급성장하고 있다. 그리고 다음 단계로 NFT 음악이 주목받고 있다.

2020년부터 계속된 코로나바이러스의 만연으로 우리의 생활이 크게 바뀌었다. 외출 자제, 대규모 이벤트의 중지 등으로 집에서 즐기는 오락의 비중이 단번에 높아진 것이다. 음악 업계에서는 이전부터 CD의 매출 저하 현상이 보였는데, 이것과 반비례 하듯이 아마존 뮤직이나 애플 뮤직 같은 구독 서비스가 주가 되는 음악 전송 서비스는 늘어나고 있다. 이는 대가를 지불하고 음악 콘텐츠를 하나하나 구매해 재생하는 것이 아니라, 통신 환경을 이용해 인터넷상의 음악 데이터에 접속해 그것을 재생하고 즐기는 스타일이다. CD를 구매하는 것과 다르게 듣고 싶을 때 바로 다운받아 즐길 수 있다는 게 가장 큰 매력이다. 일

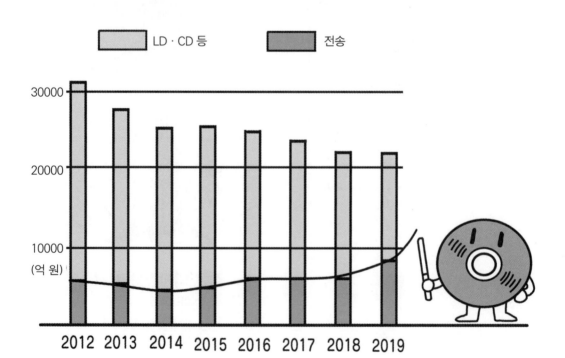

**CD에서 전송, 그리고 NFT의 시대로**

LD · CD 등      전송

반적으로 매월 요금도 저렴하게 책정되어 있다. 그러나 어디까지나 구독 서비스는 특정 환경하에서 재생하는 권리를 주는 것뿐이다. LP 음반이나 CD처럼 음악 소프트웨어를 소유하는 것은 아니므로, 이용할 권리는 있어도 이용자의 재산은 아니다.

그리고 이제, 음악 업계는 다시 이용자가 음악을 소유하는 형태의 서비스를 모색하기 시작했다. 그것이 NFT화된 음악 데이터의 활용이다. 일반적으로 CD 음원의 저작권이나 원반권*은 음반 회사나 제작자 측에 있지만, NFT 음악에서는 그러한 구조도 바꾸려 한다. 위조 불가능한 감정서에 더해 세상에서 유일한 음악이라는 새로운 가치가 탄생하는 것이다.

\* 음반 파일에 대한 음악제작자의 권리

# 14 NFT×음악 ❷ 음악 업계의 NFT 현황

유명한 아티스트들이 만든 특별한 NFT는 때로는 본인도 놀랄 정도의 고액으로 낙찰되기도 한다. 음악 장르를 불문하고, 프리미엄 감성이 가득 실린 NFT 음악은 팬의 마음을 단단하게 붙잡는 존재이다.

새로운 기술에 민감한 아티스트들은 NFT에도 민감하게 반응하고 있다. 댄스 음악계에서 저명한 3LAU 는, 자신의 앨범 〈Ultraviolet〉의 발매 3주년을 기념해서 커스텀 송, 미발표곡의 접속권, 자신의 음악으로부터 영감을 받은 커스텀 아트, 앨범 수록 11곡의 새로운 버전 등 총 33점을 NFT화하여 경매에 출품했다. 낙찰가 합계는 무려 1170만 달러(약 145억 4천만 원)이나 되어 출품자인 3LAU 자신도 놀랐다.

일본에서는 테크노 뮤직에서 인기 있는 퍼퓸Perfume이 NFT를 도입했다. 지금까지 인터넷으로 전송되어 온 동영상을 CD로 가공한 NFT 아트 작품「Imaginary Museum "Time Warp"」을 마켓플레이스에서

## 자신의 활동에 NFT를 도입한 아티스트

너무 고액으로 경매되어서 놀랐어요.

### 3LAU

- 커스텀송
- 미발표곡의 접속권
- 커스텀 아트
- 새 앨범 11곡의 새로운 버전 등 총 33점 여기에 아날로그 레코드 첨부

➡ 1점의 최고 낙찰가는 무려 **360만 달러!** 합계 **1170만 달러!**

경매로 판매했다. 총 8회의 NFT가 발매되었는데, 첫 회의 NFT는 무려 약 325만 엔(약 3250만 원)에 낙찰되었다.

이처럼 최신 기술을 도입하는 것은 댄스뮤직이나 테크노팝의 세계에만 한정된 이야기가 아니다. 관현악을 연주하는 댈러스 교향악단은 메트로폴리탄 오페라하우스 관현악단과 공동 개최한 음원과 영상을 3종류의 NFT로 해서 판매했다. 가장 싼 NFT는 100달러(약 12만4천 원)에 구매할 수 있었던 반면, 콘서트 본편 영상과 아티스트와의 저녁 식사, 호텔 숙박까지 포함해 콘서트에서 VIP 대우를 약속한 NFT는 무려 5만 달러(약 6200만 원)에 판매됐다.

## Perfume

- 인터넷으로 전송된 영상에 디지털 가공을 입힌 작품을 NFT로 해서 경매에 출품

➡ **약 325만 엔에 낙찰!**

## 댈러스 교향악단

- 연주 풍경의 한정 영상, 음원 등 100달러×25
- 인터뷰 영상, 특별 콘서트 티켓 등 1000달러×15
- 콘서트 비디오 외에도 아티스트와의 디너, 콘서트에서 VIP 대우

**5만 달러!**

# 15 NFT × 음악 ❸
# 대표적인 음악 NFT 서비스

NFT 음악은 어디서 살 수 있을까? 아직 익숙하지 않은 NFT 음악을 구매할 수 있는 사이트와 서비스가
시작될 예정인 대표적인 마켓플레이스를 소개한다.

NFT는 이전에 없었던 신기술을 이용하기도 해서 아직은 어디에서든 부담 없이 구매할 정도로 우리 일
상에 깊숙이 들어와 있지는 않다. 그래서 여기에서는 음악을 NFT로 다루거나 혹은 앞으로 진행할 계획
을 발표한 회사 몇 곳을 중심으로 살펴보자.

우선, 이미 시작한 곳은 「The NFT Records」이다. 세계 최초 음악 전문 NFT 마켓플레이스로 시리얼 넘
버를 넣은 NFT 외에도 음악이나 사진, 뮤직비디오 등을 조합해 각 음반사의 의향에 따라 여러 형태의
NFT를 발표하고 있다. 다국어 지원, 여러 나라의 통화 결제 지원이라는 글로벌 사양을 갖추고 세계 규모

## NFT 비즈니스를 본격적으로 시작한 음악 업계

### The NFT Records

● 아티스트의 의향에 따라
앨범과 싱글족, 사진, 동영상
등을 조합한 상품으로 구성한
NFT를 판매

의 시장을 겨냥한 사업 전개가 기대된다.

이어서 「텐센트 뮤직 엔터테인먼트 그룹(TME/腾讯音乐娱乐集团)」이 대표적이다. 2021년에 TME 디지털 컬렉션을 출범한다고 밝혔으며, 현재는 산하의 QQ음악이 내부 테스트를 하고 있다. 이것이 일반에게 공개되면 중국 국내 최초의 음악 NFT 플랫폼이 된다.

그 이외에도 「JASRAC(일본음악저작권협회)」가 블록체인을 이용해 음악 작품을 관리하는 시범 사업을 개시했고, 음악 프로듀서로 있는 퀸시 존스가 설립한 음악 전문 마켓플레이스 「원오브<sup>OneOf</sup>」가 여러 개의 NFT 상품을 발표했다.

## 텐센트 뮤직 엔터테인먼트 그룹

- 블록체인 기술을 기반으로 NFT 디지털 컬렉션을 출시한다고 발표 (2021년)
- 현재 테스트 중으로, 일반에 공개되면 중국 최초의 NFT 플랫폼 출현

### JASRAC

- 블록체인으로 음악 작품을 관리하는 시범 사업을 시작
- 관련 업체 참가 모집 예정

### One Of

- 저명한 프로듀서 퀸시 존스가 전개하는 마켓플레이스
- 환경 문제에 대한 배려가 특징

# 16
## NFT×음악 ④
# 음악 업계와 NFT의 미래

음악 업계와 NFT는 대단히 상성이 좋아서 NFT의 보급은 음악 업계에 극적인 패러다임의 변화를 일으킬 가능성이 있다. 이를 아티스트와 팬, 음반 회사, 이벤트 주최자의 관점에서 살펴보자.

우선 아티스트는 팬들에게 작품인 'NFT 음원'을 직접 보내줄 수 있다. 음반사를 거치지 않아도 작품을 발표할 수 있고, 그 외에 발표하는 작품의 내용이나 구성에 대해서도 음반사의 의향에 좌우되지 않게 되어 표현의 자유도가 높아진다. 또 음악이 완성되면 당장이라도 발매할 수 있다는 것도 큰 매력이다.

한편 팬은 아티스트를 직접 지원할 수 있고, 그 외에 NFT를 통해 한정 음원을 소유한다는 우월감을 느낄 수 있다. 거기에 작품이 히트한다면 NFT 음원의 자산가치도 높아진다.

음반사도 이점이 많다. 이전 작품의 재활용, 소량 단위의 상품 개발에 대한 위험 경감, CD나 DVD/블루

## NFT는 다양한 측면에서 이익을 가져온다

### 아티스트와 팬이 할 수 있는 일

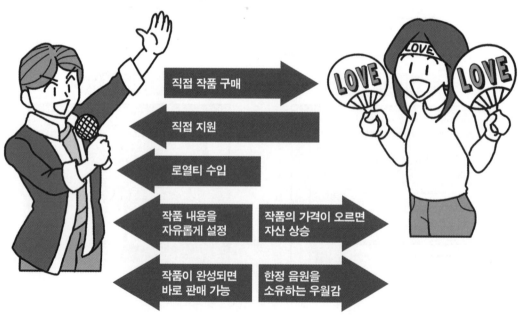

직접 작품 구매

직접 지원

로열티 수입

작품 내용을 자유롭게 설정

작품의 가격이 오르면 자산 상승

작품이 완성되면 바로 판매 가능

한정 음원을 소유하는 우월감

레이와 조합한 상품 전개도 생각해 볼 수 있다.

그리고 음악 이벤트 주최자는 새로운 이익을 만들어 낼 가능성이 크다. 티켓을 NFT화하면 방문객의 관리와 특전 제공이 쉽고 그 외에 티켓의 불법 재판매나 위조를 막을 수 있다. 또, 이벤트 사진의 NFT화 등, 신상품 개발의 거점도 마련할 수 있다.

## 음반 회사가 할 수 있는 일

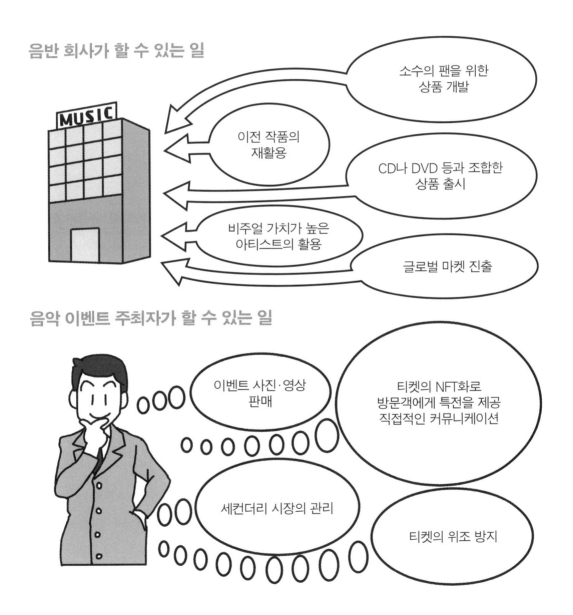

소수의 팬을 위한 상품 개발

이전 작품의 재활용

CD나 DVD 등과 조합한 상품 출시

비주얼 가치가 높은 아티스트의 활용

글로벌 마켓 진출

## 음악 이벤트 주최자가 할 수 있는 일

이벤트 사진·영상 판매

티켓의 NFT화로 방문객에게 특전을 제공 직접적인 커뮤니케이션

세컨더리 시장의 관리

티켓의 위조 방지

# 17

## NFT×게임 ❶
# NFT 게임과 기존 게임의 차이

기존의 트레이딩 카드 게임은 만족스럽게 플레이하기 위해서 초기 비용이 높게 드는 경향이 있었다. 그러나 NFT 카드 게임은 초기 단계의 부담이 적으며, 카드 트레이드도 투명성이 높다고 평가된다.

아날로그 트레이딩 카드 게임은, 우선 부스터 팩을 구매해 최소한의 덱을 구축하고, 거기에 추가 팩을 사서 보태어 가는 것으로 레어 카드를 모아 덱을 증강해 가는 순서를 따라야 한다. 하지만 레어 카드를 확실하게 받을 수 있다는 보장이 없고, 운이 좋고 나쁨에 좌우된다. 일정 수준 이상의 전력으로 게임을 즐기기 위해서는 상응하는 자본력이 필요해 용돈에 한계가 있는 어린이는 부담 없이 참가할 수 없다는 어려움이 있었다. 또한, 레어 카드는 그것 자체가 가치를 낳아 고액으로 거래되지만, 물리적인 손상이나 구부러짐 등 데미지로 인해 가치가 변한다.

**기존의 카드 게임보다 자산가치가 보장된다**

그러나 NFT 트레이딩 카드 게임은, 부스터 팩에 해당하는 초기 단계의 카드는 게임 앱과 함께 무료로 제공되는 경우가 많아서 플레이를 거듭하여 포인트를 획득해 나가면서 카드의 매수를 늘려갈 수 있다. 거기에다, 강력한 NFT 카드나 레어 NFT 카드 등을 다른 플레이어와 트레이드하거나 마켓플레이스에서 구매해서 증강해 간다.

운에 맡기며 추가 팩을 구매하게 되는 상황과 비교하면, 원하는 카드를 자신의 예산 한도에서 구매하는 NFT 카드가 압도적으로 건전하다고 말할 수 있을지도 모른다. 당연히 위조 카드가 유통될 걱정도 없어서 NFT 카드의 자산가치를 높게 평가하는 목소리도 있다.

# 18 NFT×게임 ❷
# 게임을 키워 나가 자산가치를 높게

NFT 게임의 가장 큰 특징은 사용자들에게 운영이 맡겨져 있고, 게임 세계를 키워 나가면 게임의 가치가 상승하고 결과적으로 소유한 NFT 자산을 내 손으로 늘려나갈 수 있다는 점이다.

NFT 게임은 시나리오 클리어형의 RPG와는 다르게 사용자가 자신의 좋아하는 플레이 스타일로 게임 세계를 즐길 수 있다. 예를 들어 「마이 크립토 히어로즈My Crypto Heroes」의 경우, 캐릭터나 파티를 길러서 배틀로 보수를 얻는 '무사', 던전 등에서 얻은 아이템을 마켓에서 매각해 이익을 얻는 '농민', 캐릭터 등의 도트 그림을 그려 판매해 수입을 얻는 '장인', 캐릭터나 아이템을 마켓에서 구매해 이것을 플레이어와 거래해 수입을 얻는 '상인'이라고 불리는 4가지의 플레이 스타일이 있다. 이것들은 모두 캐릭터나 아이템

## 자유롭게 플레이 스타일을 선택하는 「My Crypto Heroes」

**무사**

캐릭터나 파티를 길러 배틀로 보수를 얻는다

나는 어떤 플레이 스타일로 가볼까나?

**장인**

캐릭터의 도트 그림을 디자인해 그것을 팔아서 이익을 얻는다

**농민**

던전에서 얻은 아이템을 마켓에 팔아서 이익을 얻는다

**상인**

캐릭터나 아이템의 NFT를 마켓에서 매입하고, 그것을 플레이어에게 팔아서 이익을 얻는다

이 NFT화되어 있어서 성립되는 공생이라고 할 수 있다.

기존의 트레이딩 카드 게임을 NFT 게임화한 「크립토 스펠스<sup>Crypto Spells</sup>」도, NFT의 특성을 살린 게임이다. 게임 내에서 사용하는 카드는 희귀성에 따라 위에서부터 리미티드 레전드, 레전드, 골드, 실버, 브론즈라는 등급이 있으며, 실버, 브론즈를 제외한 상위는 거래가 가능하다. 또한 길드(온라인게임 내에서 설립된 단체)의 소유권도 NFT화되어 있어 길드 마스터가 길드를 활성화시키면 길드 NFT의 자산가치도 높아진다.

## NFT 카드가 활발하게 거래되는 「Crypto Spells」

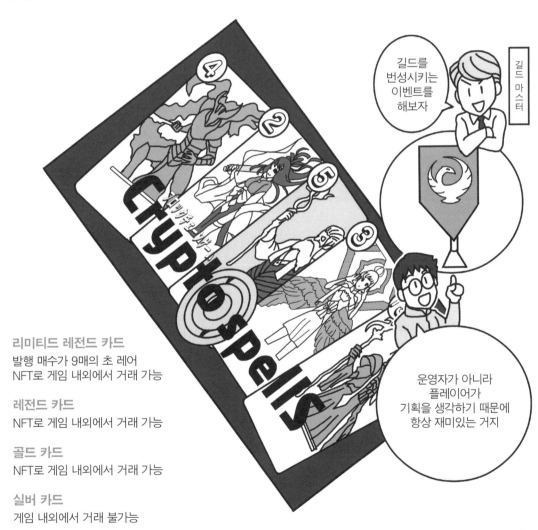

**리미티드 레전드 카드**
발행 매수가 9매의 초 레어
NFT로 게임 내외에서 거래 가능

**레전드 카드**
NFT로 게임 내외에서 거래 가능

**골드 카드**
NFT로 게임 내외에서 거래 가능

**실버 카드**
게임 내외에서 거래 불가능

**브론즈 카드**
게임 내외에서 거래 불가능

길드를 번성시키는 이벤트를 해보자

길드 마스터

운영자가 아니라 플레이어가 기획을 생각하기 때문에 항상 재미있는 거지

NFT 카드가 있어서 플레이어의 역할이 커집니다

# 19 NFT×게임 ❸
# 메타버스×게임(더 샌드박스)

NFT 게임과 메타버스가 융합된 게임의 대표적인 예인 「더 샌드박스The Sandbox」는 운영을 사용자에게 맡기는 것이 가장 큰 특징이다. 거기서 어떠한 소비나 생산 활동을 하는지, 그 모든 것이 자유다. 사용자 자신의 행동이 게임 체험의 질이나 NFT의 가치를 좌우한다.

가상 세계를 구성하는 기본 프로그램 정도는 더 샌드박스가 제공하지만, 플레이어가 어떤 식으로 행동하는가는 전혀 간섭하지 않는다. 게임 내에서 생성되는 자산의 권리도 완전히 사용자에게 이양되어 있으므로, 그러한 아이템과 자산을 게임 외부의 NFT 마켓플레이스로 가져와서 거래하거나 현금화하는 것도 가능하다. 이것은 「동물의 숲」과 같은 중앙관리형 시스템의 게임에서는 할 수 없었다.

사용자는 우선 게임 세계 내에서 토지를 구매해, 그곳을 개발해 간다. 게임이나 디오라마* 등의 유료 아이템을 작성하여 수입을 얻고, 건물을 만들어 빌려주고, 이벤트를 주최하고 입장료를 징수하는 등 현실

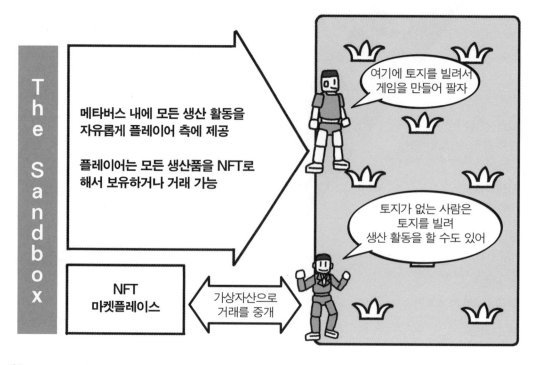

### 게임 세계의 운영을 플레이어에게 맡긴 The Sandbox

세계와 다름없는 경제활동을 하고 이익을 만들어 내면서 가상공간 내에서 생활한다.

이 초기 단계에는 토지 구매 대금으로 현실 세계의 자본이 필요하지만, 자금이 윤택하지 않은 사용자는 게임 내의 토지 소유자로부터 토지를 빌려 그 장소에서 활동할 수도 있다. 3D 공간 내에서는 아바타가 실제로 공간 내를 걷거나 탈것을 타고 이동해 다른 사용자들이 소유한 땅이나 거리로 들어갈 수 있고, 거기서 사용자 자신이 어떤 행동을 하는가에 따라 거리가 활성화되거나 다른 사용자들이 떠나 쓸쓸해지기도 한다.

* 풍경이나 그림을 배경으로 두고 축소 모형을 설치해 역사적 사건이나 자연 풍경, 도시 경관 등 특정한 장면을 만들거나 배치하는 것을 뜻한다.

## ● 이커머스 사이트 ▶ p.161

인터넷상에서 상품이나 서비스를 사고파는 이커머스 서비스를 제공하는 웹 사이트의 명칭. 몰mall형과 자사 사이트site형이 있다. 몰형은 아마존, 라쿠텐, 야후!쇼핑 등의 사이트(몰)에 입점하는 타입이다. 몰이 제공하는 시스템을 이용할 수 있고, 결제도 몰이 대행하기 때문에, 입점자가 이커머스 사이트를 직접 만들 필요가 없다. 자사 사이트형은 입점자가 이커머스 사이트를 작성하는 타입이다. 자유도가 높지만 결제 체계나 보안 확보는 직접 책임져야 한다(다만 자사 사이트의 구축과 운영을 지원하는 툴이나 서비스도 다수 있다). 이커머스 사이트의 시장 규모는 계속 증가하고 있다.

## ● 트레이딩 카드 ▶ p.166

수집이나 교환을 목적으로 만들어진 카드. 트레이딩 카드는 크게 두 종류로 나눌 수 있다. '모은 카드로 덱(카드를 모아 정리한 것)을 만들어, 대전 게임을 하는 타입'과 '그림 그 자체가 가치를 지니는 타입'이다. 전자는 덱이 구성되지 않으면 게임을 개시할 수 없어서 카드와는 별도로 미리 준비된 덱이 판매된다. 후자의 예로는 아이돌의 브로마이드나 애니메이션의 캐릭터를 카드화한 것 등을 들 수 있다. 이런 타입은 교환이 특징이어서 영어권에서는 「컬렉블 카드Collectible Card」라고 불린다.

## ● 팬 베이스 ▶ p.166

어떤 기업이나 브랜드가 중요시하는 가치에 공감하고 지탱해 주는 지지자(팬)를 소중히 여겨, 팬을 베이스로 해서 중장기적으로 매출과 가치를 올려 나간다는 사고방식. 팬은 기업과 브랜드를 지탱하는 근본적인 요소 중 하나로, 팬이 늘어난다는 것은 기업이나 브랜드가 발전한다는 의미다. 따라서 회사나 회사 브랜드의 팬을 얼마나 확보하는가가 중요한 기업 전략이 된다. 새로운 고객층을 확보하는 것이 어려운 시대인 만큼 팬 베이스는 기업이나 브랜드에게 귀중하다. 팬 베이스의 실천을 위해서는 공감과 애착, 신뢰를 강화하는 것이 중요하다. 이 세 가지를 강화함으로써 팬은 더욱 강한 코어 팬이 되고, 새로운 팬을 확보할 가능성도 커진다.

## ● 덱 ▶ p.167

'카드를 둘러싼 것', '카드를 모아 정리한 것'의 의미에서 바뀌어, 게임 내에서 사용하기 위한 한 벌로 선택된 카드 조합을 말한다. 말의 유래는 'Deck'이라는 영어다. 또한 카드 게임을 할 때 플레이어가 카드를 규정 매수까지 한 벌로 선택하는 것을 '덱을 짠다'고 말한다. 게임에 따라 달라지지만 플레이어는 게임의 대전에서 승리하기 위해 각 카드의 역할과 힘의 균형을 잡고 조합하여 게임에 임한다. '덱을 짜다'는 그 외에 '덱 레시피를 짜다', '덱을 구축하다' 등으로 표현되기도 한다.

## ● 팬 토큰 ▶ p.168

팬과 브랜드 사이의 밀접한 관계 구축을 목적으로 하는 토큰. 현재 팬 토큰은 주로 스포츠 업계에서 활발하게 이용되고 있다. 예를 들어 어느 스포츠팀의 토큰을 소유하고 있으면 서포터 투표 기획 참여나 특전 선택 응모권이 부여되기도 한다. 유통되는 팬 토큰 중에는 단순히 특전을 주는 것만이 아니라 유통성을 갖게 함으로써 가상자산으로 취급되는 것도 있다. 팬 토큰의 가격은 특전의 내용이나 팀 성적, 인기 등과 연동되는 경우가 많아서 응원하는 목적뿐만 아니라 투자 목적으로 구매하는 경우도 많다.

## ● 아바타 ▶ p.178

온라인 게임이나 가상공간에서 이용자의 분신으로 등장하는 캐릭터나 아이콘 등을 말한다. 아바타Avatar는 화신, 분신, 권화, 구현 등의 의미를 나타내는 말에서 유래한다. 아바타는 이용자들의 실제 모습을 닮은 것으로 한정되지 않고 만화풍으로 변형된 캐릭터가 많다. 동물이나 로봇, 특정 만화나 애니메이션 등의 등장인물을 선택할 수 있을 뿐만 아니라, 헤어스타일이나 복장, 장식품 등도 커스터마이즈할 수 있다는 것도 특징이다. 이용자는 스스로 선택한 아바타를 조종해 가상공간에서 아바타끼리 커뮤니케이션이나 쇼핑 등을 즐길 수도 있다. 또한 아바타가 가상공간의 상거래로 판매한 이익을 현실 세계의 돈으로 바꾸는 것이 가능한 경우도 있다.

## ● 시리얼 넘버 ▶ p.186

수가 한정된 것에 부여되는 고유의 번호를 가리키는 말. 에디션 넘버라고도 한다. 아티스트가 한정 부수로 제작한 작품의 수량을 관리하는 수단으로써 하나하나에 붙어 있다. 회화에서는, 여백에 84/100 등으로 기재되어 있는 것이 많아, 그 분자가 시리얼 넘버, 분모가 한정 부수를 나타낸다. 다만 아티스트는 동일한 판에서 인쇄된 작품을 한 장 한 장 꼼꼼히 살피고, 조금이라도 마음에 들지 않는 결함이 발견되면 그것을 제외하고 자신이 최종 인정한 것만 내놓기 때문에 정확히 순서대로 나열된다고는 할 수 없다. 그 외, 컴퓨터의 소프트웨어 제품 등 대량으로 생산·복제되는 공업제품에 대해 하나하나의 개체를 식별하기 위해서 할당되는 고유의 번호도 시리얼 넘버라고 불린다.

## ● RPG ▶ p.192

Role-Playing Game(롤플레잉 게임)의 약칭. 맵(게임 내의 세계) 위를 탐색하거나 스토리나 수수께끼를 풀어가는 게임을 말한다. 플레이어 각자에게 할당된 캐릭터(플레이어 캐릭터)를 조작하여 다른 캐릭터와 서로 협력하여 게임 내에서 부여되는 시련(모험, 난제, 탐색, 전투 등)을 극복해 간다. 경험을 통해 캐릭터가 레벨 업, 성장해 가는 과정을 즐기면서 목적을 달성하는 것을 목표로 하는 게임이라고 할 수 있다. 그 원류는 보드게임으로 보고, 1974년에 발표된 보드게임 「던전 앤 드래곤즈」가 발상지라고 이야기되곤 한다. 가정용 비디오 게임기 「드래곤 퀘스트」와 「파이널 판타지」 시리즈가 폭발적으로 히트를 기록하며 RPG 게임의 지명도가 높아졌다.

# CHAPTER 6

## 격변하는 세상!
# 미래의
# NFT 비즈니스 예측도

NFT는 우리의 일상을 크게 바꿀
잠재성을 가지고 있습니다.
이 장에서는 NFT로 실현될 미래의 모습을
알아봅니다.

# 01 NFT와 밀접하게 관련된 디앱이란 무엇인가?

NFT의 근간을 지탱하고 있는 블록체인. 거기서 중앙관리자의 개입 없이 동작하는 것이 Decentralized Applications(분산형 애플리케이션), 줄여서 「디앱DApps」이다. 중앙관리자가 존재하지 않는 블록체인 내에서 자율적으로 일하는 프로그램을 말하는데, 반대로 중앙관리자가 존재하는 애플리케이션은 Centralized Applications(중앙관리형 애플리케이션), 「시앱CApps」이라고 부른다.

디앱의 특징은 오픈 소스라는 점, 애플리케이션이 특정 컴퓨터가 아닌 블록체인상에서 실행된다는 점을 들 수 있다. 예를 들어 다양한 가치를 토큰화하여 사용자가 그것을 받기 위한 기능을 맡고 있다.

디앱을 자세히 보면 프론트 엔드, 백 엔드, 블록체인의 세 영역에 걸쳐서 기능한다. '프론트 엔드Front-End' 는 말하자면 사용자용 인터페이스에 해당하는 부분으로, 여기서 사용자로부터 요청을 접수하여 최종적

## 중앙관리자가 존재하지 않는 DApps

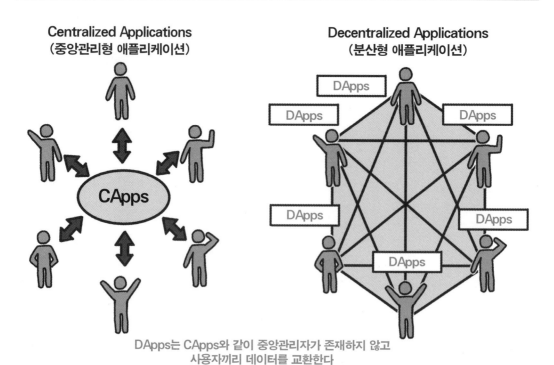

**Centralized Applications**
(중앙관리형 애플리케이션)

CApps

**Decentralized Applications**
(분산형 애플리케이션)

DApps
DApps
DApps
DApps
DApps
DApps

DApps는 CApps와 같이 중앙관리자가 존재하지 않고
사용자끼리 데이터를 교환한다

인 결과를 표시한다. '백 엔드Back-End'는 사용자의 요청을 실제로 처리하는 프로그램 군으로, 필요에 따라 블록체인과 데이터를 교환한다. '블록체인Block Chain'은 각 처리와 사용자를 연결하여 데이터를 보관하는 창구 역할을 하지만, 실제로 데이터 전부를 블록체인상에 저장하는 것은 현실적이지 않아서, 기존 데이터베이스나 IPFS(InterPlanetary File System, 분산형 파일 시스템에 데이터를 저장하고 인터넷으로 공유하기 위한 프로토콜) 등 P2P 네트워크로 작동하는 분산 스토리지에 흩어져 저장된다.

디앱은 NFT를 안전하게 교환하기 위해 유용한 기능으로, 향후 더욱 주목받을 구조이다.

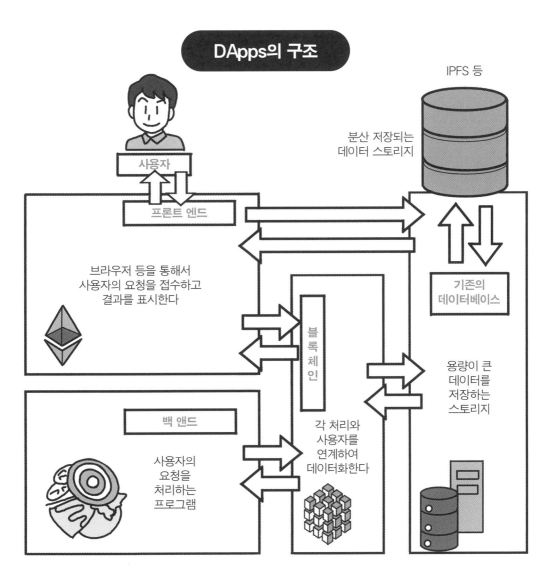

DApps의 구조

IPFS 등

분산 저장되는
데이터 스토리지

사용자

프론트 엔드

브라우저 등을 통해서
사용자의 요청을 접수하고
결과를 표시한다

블록체인

기존의
데이터베이스

용량이 큰
데이터를
저장하는
스토리지

백 앤드

사용자의
요청을
처리하는
프로그램

각 처리와
사용자를
연계하여
데이터화한다

# 02 미래에는 은행의 형태가 바뀔까?
## 디파이라는 혁명

기존에 금융기관을 거치는 자금의 조달과 융통은 사람의 손을 거치기 때문에 수수료가 발생하고, 결론이 날 때까지도 일정한 시간이 필요했다. 그것을 해결한 것이 블록체인상에서 일하는 분산형 금융「디파이<sup>DeFi</sup>」다.

디파이란 Decentralized Finance의 약자로 번역하면 '분산형 금융'이다. 지금까지의 금융은 은행 등의 금융기관이 관리자가 되어, 거래 주체나 거래 내용을 심사하고, 수수료를 징수한 이후에 거래를 실행·중개해 왔다. 물론 컴퓨터에 의한 처리도 있지만, 기본적으로는 사람의 판단을 거친다. 이것을 Centralized Finance라고 하며, 줄여서「시파이<sup>CeFi</sup>」, '중앙 집권형 금융'으로 번역된다. 디파이와 시파이의 관계는, 앞에서 소개한 디앱과 시앱의 관계와 비슷하다고 할 수 있다.

## 블록체인상에서 자동으로 자금조달이 가능한 DeFi

금융기관에서 차입

돈을 빌리고 싶을 뿐인데…

신원을 증명하는 서류는?
담보가 있나요? 목적은? 상환 계획은?
수수료를 받아요

○○은행

직접 주고받아야 하고
복잡한 절차가 많다

시파이는 사람의 손과 여러 행정을 거쳐 거래가 실행되기 때문에 사전 서류 준비 등이 번잡해서 실행되기까지 어느 정도의 시간이 필요했다. 그러나 디파이는 중앙관리자가 존재하지 않는 블록체인상의 프로그램이 거래의 여부를 자동으로 판정하므로, 신속하게 거래가 실행된다. 거래 실행 구조가 동작하는 규칙은 미리 프로그램되어 있어서 심사에 자의적인 것이 추가되는 일도 없다. 따라서 미리 정해진 기준에 부합한다면, 신속한 자금조달과 융통, 투자 등이 가능하다. 디파이는 자금세탁 대책을 어떻게 할 것인지 등 풀어야 할 문제도 많지만, NFT 분야를 시작으로 향후 금융거래의 새로운 형태로 정착할 가능성이 있다.

**블록체인상의 프로그램이 거래 여부를 자동으로 판정하므로
신속하게 거래가 실행된다**

# 03　NFT는 생활 수단의 하나로

「금융 포용」은 여러 이유로 금융기관을 이용할 수 없는 개인이나 법인 등에 이용 기회를 제공하고 사람들이 금융서비스에 골고루 접근할 수 있게 하기 위한 것을 말한다.

지금까지 우리들의 자산은 기본적으로 은행 등의 금융기관이 관리해 왔다. 하지만, NFT 게임이나 메타버스에서 거래가 활성화된다면 언젠가 은행을 거치지 않고 경제가 순환하는 환경이 만들어질 수 있다.

NFT 게임상에서 NFT가 자산으로 유통되면서 금융기관과 동급의 기능을 가지기 시작했다. 은행에 놓여 있던 자금 관리 기능의 일부가 블록체인을 기반으로 하는 NFT로 이동하게 된 것이다.

또한 NFT 게임에서 캐릭터를 키우거나, 아이템을 만들거나 게임에서 포인트를 획득하는 등 다양한 NFT를 입수하게 되면, 그 자체가 수입이 된다. 이러한 서비스는 'Pay to Play(유료 게임)', 'Free to Play(무료 게

## 미래의 Play to Earn 게임

임)'라는 지금까지의 게임 트렌드와 비교하여 'Play to Earn(수익 창출 게임)' 형태의 서비스라고 불린다. 필리핀에서 인기 있는 「엑시 인피니티」를 예로 들면, 이 게임은 가상의 몬스터를 수집하고 진화시켜 서로 싸움을 붙이는 것으로, 게임 내에서 SLP라는 가상자산을 얻을 수 있고 비트코인과 같은 메이저 가상자산과 교환할 수 있어서 NFT 게임을 통해 생계를 유지하는 사람도 있다.

만약, 게임에서 얻은 보수나 그와 교환한 비트코인 등의 가상자산을 신용카드 회사에 상환 수단으로 이용할 수 있게 된다면 기존의 예금과 저금을 취급하는 금융기관을 거치지 않고 경제활동이 이루어질 수도 있다. 향후 NFT는 현행의 금융기관에서는 실현이 어려웠던 금융 포용을 실현하는 열쇠가 될 수도 있다.

NFT 게임

캐릭터 경험치를 올린다

아이템을 만들고 얻는다

대전해서 게임 내의 가상자산을 얻는다

게임 내의 가상자산을 비트코인 등으로 교환

게임 수입으로 생활할 수 있음

금융기관을 거치지 않고 경제활동이 이루어지는 환경이 실현될 수도!

플레이어

BANK

# 04   5G가 본격적으로 퍼지면 무슨 일이 일어날까?

휴대전화 회선이 5G가 되는 것이 꿈의 기술인 것처럼 칭송되고 있지만, 실제 생활에서 어느 정도 그 효과를 느끼고 있을까? 영화 1편의 데이터를 수 초 만에 다운로드할 수 있다고 해도 대용량 데이터를 스마트폰에 다운로드하는 것 자체가 드물고, 특정 서버에 부하가 걸리는 다운로드는 회선보다도 서버의 처리 속도에 따라 통신 속도가 저하된다. 이렇게 보면, 5G 회선은 개별 사용자의 스마트폰에 대해서는 그다지 이점이 없다. 그러나 블록체인을 통한 정보망을 활용한 각종 서비스를 이용하게 되면, 5G는 NFT의 운용에서도 큰 위력을 발휘할 것 같다.

그러면, 어떤 때에 5G의 고속성이 발현될까? 컴퓨터끼리 긴밀하게 서로 통신하는 환경에 있을 때다. 개인의 행동 정보나 기상정보, 교통기관의 실시간 상황 변화 등을 종합적으로 파악하고 이를 공공서비스에

## NFT로 공유 경제의 세계가 변한다

모빌리티

렌트카
카 셰어링

전송된
패스워드를
입력하여
잠금을 해제!

공유 자전거 등

반영시켜 정보인프라로 활용했을 때 5G는 막대한 양의 정보를 순식간에 전송할 수 있다. 또, 여기에 NFT가 더해지면 경제활동에 다양한 편리성이 생겨난다. 예를 들어, 카 셰어링을 이용할 때 예약 완료와 함께 NFT가 부여되고 정보가 전송됨으로써 차량의 잠금을 해제할 수 있거나, 호텔 예약으로 부여된 NFT가 방문 열쇠를 대체하는 등, 지금까지 사람이 중개하던 작업이 간소화될 수 있다. 또한 특정 기술을 제공하는 직업을 가진 사람들이 자신의 일에 NFT를 활용해 새로운 일을 얻는 데 사용하게 되면, 5G는 이들의 정보유통을 지탱하는 인프라로서 그 위력을 발휘할 것이다.

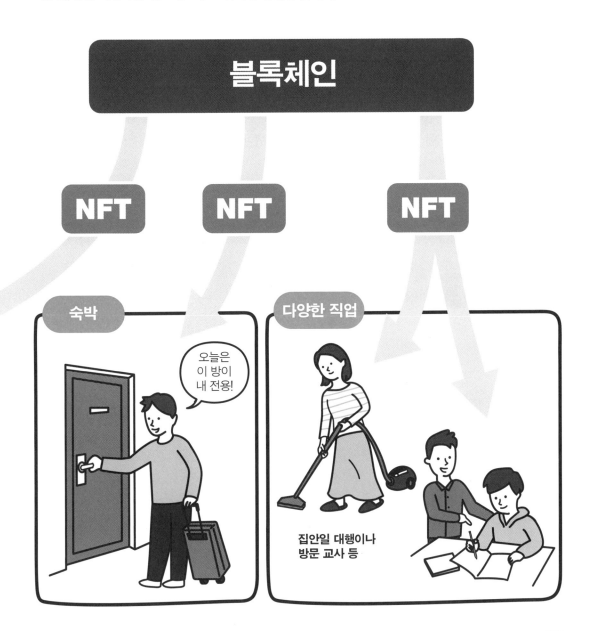

# 05 현실 세계와 동일한 가상 세계, 디지털 트윈

현실 세계를 가상공간에 리얼하게 재현할 수 있다면 우리들의 생활에 도움이 되는 정보를 입수하기 쉬워질 것이다.

「디지털 트윈」이란, 현실 세계에 존재하는 것을 데이터화해, 가상공간에 그대로 재현하는 것이다. 현 단계에서는 그다지 정밀도가 높은 것은 아니지만, 공업제품이나 건축물 등의 부품 하나하나에 센서나 통신 기기가 탑재되는 시대가 온다면, 보다 정밀도가 높은 디지털 트윈을 작성할 수 있다. 도로를 달리는 차의 위치나 속도도 실시간으로 반영하고, 인도를 걷고 있는 사람의 위치도 그대로 재현할 수 있을지도 모른다. 그것들이 집적되어 도시 전체를 재현하는 규모가 된다면 다양한 검증과 실험이 가능해질 것이다. 디지털 트윈의 세계에서는, 교통의 최적화나 사고 방지를 위한 시도와 같은 다양한 실험을 상당히 현실감 있고 정확한 시뮬레이션으로 시행할 수 있을 것이다.

## 현실 세계를 가상공간에 재현해 다양한 검증을 할 수 있다

현실 세계

디지털 트윈을 작성

지금 든 예는 아직은 SF 영화 속의 이야기일지 모르지만, 사실 바로 전 단계까지는 이미 실용화되었다. 예를 들어, 건물의 구조와 건축 연수, 지반 등의 실측 데이터를 컴퓨터에 입력하여 재현함으로써 지진이 일어났을 때의 피해 예측 등에 활용되고 있다. 또한 주위의 건물이나 신호, 전선의 위치나 시간별 도로 상황을 재현하여 공사 시, 대형 차량의 안전한 이동 경로 등을 짤 때도 이용된다. 향후, 시뮬레이션이 가능한 정보나 장면이 늘어남에 따라 우리가 실감할 수 있는, 생활에 도움이 되는 다양한 사용법이 마련될 것이다. 한편, 개인정보나 프라이버시 보호 측면에서 둘 사이 균형을 잡을 필요성도 높아질 것이다.

# 06 프라이버시의 개념도 바꾸는 NFT의 미래

NFT가 활용되는 사회는 여러모로 편리해질 것이다. 그러나 지나친 정보화는 개인을 발가벗기고, 신중히 취급해야 하는 주민등록번호 등 중요한 개인정보를 공개하는 것으로 이어질 수 있다.

고도의 정보화 사회에는 장단점이 표리일체의 관계로 존재한다. NFT가 활용되는 메타버스의 세계는 꿈의 공간을 제공해 줄지 모르지만, 그 안에 숨어있는 위험도 숙지해 둘 필요가 있다.

은행 ATM에서 개인 인증을 할 때의 행동에 대해서 생각해 보자. 매번 비밀번호를 누르는 게 번거롭다고 느낄 때는 없는지. ATM의 앞에 서 있는 사람이 계좌를 개설한 본인이라는 것을 자동으로 인식해주는 시스템이 있다면 어떨지. 이런 것이 실현될 가능성 중의 하나가 국민 한 사람 한 사람에게 주어지는 주민등록번호의 NFT화다. 자신이 이동한 장소나 여러 서비스에서 항상 제시할 수 있게 주민등록번호 NFT

## 집이나 자동차, 지하철이나 빌딩 등에 NFT를 옮긴다는 개념

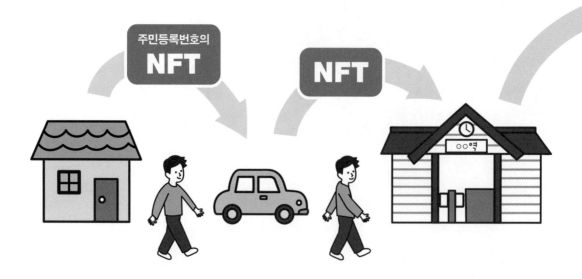

주민등록번호를 NFT화해서
여러 곳에서
항상 제시할 수 있는 구조로…

를 계속해서 보유하는 구조가 된다면, 비밀번호는커녕 현금인출 카드 없이도 현금을 찾을 수 있게 될지도 모른다. 신분증이 필요한 장소로 들어가는 것도 바로 통과되어 매우 편리해질 것이다.

그러나 블록체인상의 정보 자체는 널리 공개되는 것이 기본적인 구조이고, 한 번 기록된 정보는 삭제할 수도 없으므로 개인정보 자체를 블록체인상에 올리겠다는 생각은 부정적으로 평가된다. 대신 자신의 ID를 블록체인상에서 관리하고 필요한 때에 본인 인증을 할 수 있는 개념으로 「분산형 ID(DID, Decentralized ID)」라는 개념이 제시되었다. 이것은 개인정보의 보호와 개인정보 이용, 활용의 주체성을 양립시키는 새로운 아이디어로 주목할 만한 가치가 있다고 보인다.

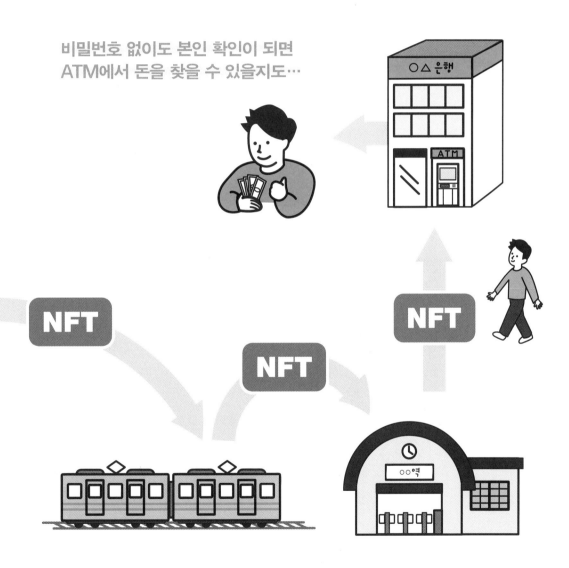

비밀번호 없이도 본인 확인이 되면
ATM에서 돈을 찾을 수 있을지도…

# 07 출판 비즈니스에 NFT를 어떻게 이용할 수 있을까?

전자책은 보관 장소가 필요 없어서 가지고 다니기 편리하다는 장점이 있는 반면, 서적 그 자체를 재산으로 보유할 수는 없다. 그러나 NFT화된 전자책은 특정 개인과 연관된 특정 재산이 되므로 차세대 전자책으로 정형화될 가능성이 있다.

제본된 서적의 판매가 점차 감소하고, 그에 반비례하듯 전자책 시장이 계속 성장하고 있다. 이런 상황에서 2021년, 획기적인 잡지 『사우나랜드SAUNA LAND』가 전자책으로 창간되었다. 어떤 면이 획기적이었는가를 말해 보면, 이른바 전자책 플랫폼에는 유통하지 않고, '상업적 이용권'까지 포함한 단 한 권의 전자책으로 NFT화해서, 이것을 인터넷 경매에서 공개한 것이다. 그 결과 무려 276만 엔에 낙찰되었으며, 이 결과, 특정 개인이 전자 출판권과 함께 콘텐츠를 손에 넣게 되었다.

## 출판권까지 부여된 유일한 NFT 잡지가 고액으로 낙찰되다

소유자가 출판할 권리를 가지므로
새로운 이익을 만들어 낼 수도 있는
유일한 전자책!

약 2800만 원에
낙찰!

종이책은 그 자체가 소유자의 재산으로 지인에게 빌려주거나 읽지 않게 되면 중고 서점에 매각해 현금화할 수도 있었다. 반면에 전자책은 열람할 권리를 구매한 것일 뿐이므로 거래도 매각도 할 수 없다. 그러나 전자책을 NFT화하면 그 데이터는 특정 개인의 재산이 된다. NFT를 옮긴다는 형태로 지인과의 거래나 매각도 가능하다. 이러한 점은 전자출판의 단점에 주저하고 있던 출판사와 독자에게 새로운 문을 열어주고 시장을 활성화하는 기폭제가 될지도 모른다.

## 친구와 거래하거나 중고서점에 매각도 가능

지금까지의 전자책은…

스마트폰 안에 들어있어서 친구에게 빌려줄 수도, 헌책방에 판매할 수도 없어

NFT 전자책은…

NFT를 옮기면 친구들에게 빌려줄 수도, 헌책방에 판매할 수도 있네!

출판업계에 NFT가 새로운 가능성을 가져올 수도!

### ● 디앱 ▶ p.200

'Decentralized Applications'의 약칭으로 「분산형 애플리케이션」의 의미. 블록체인상에서 프로그램(스마트 콘트랙트)을 동작시키는 구조를 응용한, 관리자 없는 애플리케이션이다. 그 구조는 스마트폰이나 노트북의 애플리케이션과 같은 것으로 블록체인 기술을 활용해서 특정 기업 등이 사용자 데이터를 독점하지 못하게 하는 독특한 특징이 있다. 스마트 콘트랙트를 활용해서 다양한 기능을 가질 수 있으므로 매매 거래를 목적으로 한 기존의 가상자산만이 아니고, NFT 게임이나 차세대 형태의 금융서비스 DeFi 등, 지금까지는 없던 획기적인 콘텐츠나 시스템을 만들어 내는 것이 가능해졌다.

### ● 애플리케이션 ▶ p.200

본래는 컴퓨터나 서버 등의 정보처리장치에 설치된 OS(기본 소프트웨어)상에서 동작하는 소프트웨어를 가리키는 말이었다. 그러나 2008년에 아이폰 3G가 발매된 후, 「앱」이라는 호칭이 일반적으로 사용되게 되었다. 스마트폰의 보급과 함께 정착되어 현재에는 메일이나 캘린더, 문서 작성 툴 등 업무상에서 사용하는 것 이외에도 스마트폰 결제, 메신저, 게임 등 개인용 애플리케이션도 무수히 많아졌다.

### ● 인터페이스 ▶ p.200

IT 분야에서 여러 장치가 접속·접촉하는 장소나, 양자 사이에 정보나 신호 등을 교환하기 위한 순서나 규약을 의미하는 말. 예를 들면 컴퓨터와 프린터를 연결하는 단자나 USB 케이블 등도 인터페이스다. 인터페이스에는 주로 복수의 장치를 접속해서 통신할 때의 사양으로, 커넥터의 형상이나 전기 신호 형식 등을 정하는 「하드웨어 인터페이스」, 프로그램 간에 데이터나 지시를 교환하는 순서나 형식을 정한 「소프트웨어 인터페이스」, 컴퓨터가 이용자에 대해서 정보를 표시하는 방식이나, 반대로 이용자가 정보를 입력하기 위한 방식을 정한 「사용자 인터페이스」 등이 있다.

### ● 디파이 ▶ p.202

'Decentralized Finance'의 약어로 「분산형 금융」이라고 하며 블록체인상에서 구축할 수 있는 금융서비스 등의 애플리케이션을 말한다. 지금까지 금융서비스에서 사용자는 은행이나 증권 회사, 증권거래소, 생명보험 회사의 금융 중개자에게 이체 수수료 등 여러 비용을 부담했지만, DeFi에는 중앙관리자로서 중개자가 없어서 수수료가 발생하지 않고 네트워크 전체를 유지하기 위한 아주 적은 비용만을 부담한다. 모든 거래 기록은 블록체인상에 기록되고 거래 기록이 올바른지 아닌지를 정밀히 조사하여 승인하는 것은 어디까지나 사용자이다. 즉, 사용자끼리 서로 관리하는 구조이므로 「분산형 금융」이라고 불린다.

### ● 금융 포용 ▶ p.204

테러나 분쟁, 환경파괴 등 빈곤과 차별로 인해 금융서비스에서 소외되어 경제적으로 불안정한 상황에 있는 사람들이 아무도 남겨지지 않도록, 누구나 기본적인 금융서비스에 접근할 수 있고 금융서비스의 혜택을 받을 수 있도록 지원하는 구조 또는 그와 같이 접근할 수 있는 상황을 말한다. 블록체인 등의 새로운 기술의 활용으로 은행 계좌가 없는 개인에게 예금이나 송금의 기회를 제공하거나 자금조달이 곤란한 신흥기업에 대출이 가능해졌다. 최근에는 소셜 미디어 등의 계정으로 본인 확인을 할 수 있는 난민용 신용카드 서비스도 생겼다.

## ● 5G ▶ p.206

'5th Generation'의 약칭으로 「제5세대 이동통신 기술」을 말한다. '고속 대용량', '고신뢰 · 저지연 통신', '다수 동시 접속'이라는 특징이 있다. 일본에서는 비디오 트래픽 증가에 대응하기 위해 5G에 투자가 진행되어 2020년 봄 무렵부터 상용 서비스가 시작되었다. 5G의 모바일 네트워크 통신 속도는 최고속도가 초당 1~10GB에 달하며 장편영화를 다운로드할 경우, 4G에서는 8분 정도 걸리지만, 5G에서는 불과 5초밖에 걸리지 않는다. 여러 기기나 소프트웨어 간에 데이터를 교환할 때 처리 속도나 전송 속도의 차이를 보완하거나, 통신의 감속이나 중단에 대비해 전용 기억 영역에 송수신 데이터를 일시적으로 보존하는 버퍼링도 없다. 이러한 특징을 살려 5G는 휴대전화 사용자뿐만 아니라, 기계 · 물건 · 디바이스의 접속 성능에서도 장점을 가질 것으로 기대된다.

## ● 디지털 트윈 ▶ p.208

물리(피지컬) 공간에 있는 정보를 IoT 등에서 취득해, 송신된 데이터를 기초로 디지털 공간에 물리 공간의 쌍둥이(복제)를 재현하는 기술을 말한다. 디지털 트윈이 주목을 모으게 된 계기는 IoT 보급이 확산되면서다. 디지털 트윈으로 물리 공간에서 일어날 미래의 변화를 가상공간에서 시뮬레이션할 수 있게 되어, 물리 공간에서 실제 일어날 변화에 대비할 수 있게 된다. 구체적으로는 공장이나 제조 설비의 건설, 도시개발 등, 모든 현장의 물리 공간을 디지털 공간으로 재현해, 사전에 시뮬레이션 · 분석 · 최적화를 실시함으로써 이것을 물리 공간에 피드백할 수 있다. 이러한 특징이 있어 '디지털 쌍둥이'라는 의미를 담아 「디지털 트윈」이라고 불린다.

# '인터넷 이후의 혁명'이라고 불리는 NFT
# 미래의 변화에 대비합시다

NFT의 ABC에서 응용 가능성까지, 정말 다양한 주제를 다루었는데 어떠셨는지요. 독자 여러분이 조금이라도 NFT에 대한 지식이나 흥미를 느낄 수 있는 시간이었다면 대단히 기쁘겠습니다.

## NFT는 목적이 아닌 수단으로

지금까지 변호사로서 NFT에 대해 자문을 제공한 많은 사업 아이디어 중에는, 'NFT라면 팔리지 않을까?', 'NFT라고 말하면 자금이 모이지 않을까…?' 등등 NFT를 '목적'으로만 생각하는 경우를 종종 보았습니다. 2022년 1월 28일에 개최된 〈Web3 Conference Tokyo〉에 게스트로 초대된 이더리움 창시자 비탈릭 부테린<sup>Vitalik Buterin</sup>은 "내가 NFT에 흥미가 있는 이유는 NFT가 가진 특징때문만은 아니다"라고 말했습니다. 이 말은 NFT라는 기술이나 아이디어는 본래 어떠한 목적을 실현하기 위한 '수단'이어야만 하고, NFT 자체를 목적화해서는 안 된다는 메시지라고 보입니다.

## NFT 보급의 열쇠는 「메타버스」인가

NFT가 일반 소비자에게도 친숙해져 우리들의 생활에 본격적으로 스며들기 위해서는 아직 풀어야 할 과제가 많이 있습니다. 그 최대 고비는 일반 소비자들이 NFT의 유용성을 인정할 만한 서비스의 등장이겠지요. 저는 그 후보 중 하나는 메타버스가 아닐까 생각합니다.

때마침, 페이스북은 회사명을 「메타<sup>Meta</sup>」로 변경하여, 메타버스 영역에 집중적으로 투자할 것을 분명히 했습니다. 이 회사의 실제 회사명은 Meta Platforms, Inc.입니다. 복수형인 'Platforms'라는 말에서, 단일의 플랫폼(web 2.0)에 따른 중앙집권형 서비스가 아니고 여러 개의 플랫폼이 존재한다는 걸 전제로 한 오픈 메타버스·멀티 메타버스형(web 3.0) 에코시스템을 지향하면서 발전을 주도하겠다는 방향성이 드러나는 것처럼 느껴집니다.

『주간동양경제』(2022년 1월 29일 호)의 특집 「전해명 가상자산&NFT」에서, 페이스북 재팬 대표이사인 아지사와 마사히로도, 회사가 '상호운용성' 즉 '닫힌 세계가 아니고(여러 가상공간과) 서로 접속하여 드나들 수 있는 세계'를 지향한다고 코멘트했습니다.

메타버스의 이용 확대 시나리오에는 ① 마이크로소프트나 메타가 회의 시스템의 데모를 PR한 것처럼 '업무를 위해 사용하지 않을 수 없는' 상황의 출현 확대 ② 쇼트 무비 공유 서비스 틱톡과 같은 젊은 세대가 주도하는 급속한 트렌드의 변화에 따른 확대 ③ 게임이나 애니메이션과 같은 특정 테마를 중심으로 하는 커뮤니티 형성을 이용한 확대. 이렇게 크게 3가지의 방향성이 있다고 봅니다만, 어떠한 시나리오를 거친다고 해도 메타버스 공간의 상호운용성을 확보하는 관점부터, 블록체인이나 NFT가 인프라내지 기본적인 콘셉트로 이용될 가능성이 크다고 생각합니다.

그리고, 상호운용성이 확보된 메타버스 공간의 이용이 일반화되면, 소비자들은 그 안에서 보유·소비되는 디지털 콘텐츠의 이면에 있는 NFT라는 개념을 인식하지 않을 지도 모릅니다. 오히려 그렇게 되고 나서부터 NFT의 본방송이 시작될 것 같습니다.

### 다음 변화에 대비하자

제 예측이 적중할지, 현시점에서는 확실하다고 말할 수는 없습니다. 그러나 NFT나 그와 관련된 비즈니스는 단순한 유행어로 쏘아 올린 불꽃처럼 사라져 버리지 않고, 여러 가지 성공과 실패를 반복하면서 확실하게 영역을 확대하여 사회에 깊게 침투할 준비를 조금씩 쌓아 가는 것처럼 보입니다.

이 책은 NFT 입문서 같은 성격으로, 기술을 자세하고 폭넓게 다루기보다는 독자들이 NFT를 쉽게 이해할 수 있도록 하는 걸 최우선으로 생각하고 썼습니다. 독자 여러분께서 NFT를 이해하는 시작점에서 향후 본격적으로 확대되는 변화의 시기를 대비하는 데 도움이 되기를 바랍니다.

# INDEX

Proof of Work(PoW) ········· 79

RTFKT ········· 181

Sorare ········· 172

The Topps Company ········· 172

가상공간 ········· 160

가상자산 ········· 134

가스비 ········· 74

개인소득세 ········· 152

개인정보 ········· 210

거래 가능성 ········· 32

거래소 ········· 96

경품류 ········· 144

경품표시법 ········· 144

고정가격 출품 ········· 109

공급 ········· 94

과대 경품 규제 ········· 144

구독 서비스 ········· 41

금융 규제 ········· 132

금융 포용 ········· 214

노드 ········· 48

더치 옥션 ········· 115

도박죄 ········· 142

디지털 증권 ········· 140

디지털 트윈 ········· 208

로열티 ········· 171

로열티 분배 기능 ········· 87

마켓플레이스 ········· 82

메타버스 ········· 158

무형고정자산 ········· 150

범용성 ········· 72

법인세 ········· 152

보유 ········· 126

보존 ········· 170

부가가치 ········· 171

부당 표시 규제 ········· 144

분산 시스템 ········· 48

2차 유통(재판매) ········· 28

5G ········· 206

Axie Infinity ········· 205

Collezione Genesi ········· 180

Crypto Spells ········· 193

CryptoKitties ········· 22

DApps ········· 200

DID ········· 211

ERC-20 토큰 ········· 102

Everydays: The First 5000 Days ········· 24

FT(Fungible Token) ········· 66

Gtax ········· 87

IP 비즈니스 ········· 34

MetaMask ········· 102

Mint ········· 68

My Crypto Heroes ········· 192

NFT 트레이딩 카드 게임 ········· 191

NFT(Non-Fungible Token) ········· 66

NFT 아트 ········· 120

NFT화 ········· 118

OpenSea ········· 90

P2P 네트워크 ········· 48

Play to earn ········· 205

Proof of Stake(PoS) ········· 79

| | | | | |
|---|---|---|---|---|
| 분산형 ID | 211 | | 재고자산 | 150 |
| 분산형 금융 DeFi | 202 | | 저작권법 | 122 |
| 분실 위험 | 104 | | 주민등록번호 NFT | 210 |
| 블록 | 50 | | 지갑 | 60 |
| 블록체인 게임 | 88 | | 지갑 앱 | 62 |
| 비밀키 | 60 | | 지갑 어드레스 | 62 |
| 비트코인 | 92 | | 지정가 주문 | 100 |
| 상업적 이용권 | 212 | | 체인 | 50 |
| 상호운용성 | 32 | | 총량 | 94 |
| 선불식 지불수단 | 136 | | 커뮤니티 | 164 |
| 소량 단위의 상품 개발 | 188 | | 컨소시엄 체인 | 52 |
| 소비세 | 152 | | 컬렉터블 | 20 |
| 소유 | 126 | | 컬렉터블 NFT | 164 |
| 소프트웨어 개발비 | 148 | | 컴플리트 가챠 | 155 |
| 수요 | 94 | | 콘텐츠 제작비 | 148 |
| 수익 인식 적용 지침 | 146 | | 크라우드펀딩 | 41 |
| 수익 인식 회계 기준 | 146 | | 탈중앙화 시스템 | 46 |
| 스마트 콘트랙트 | 70 | | 테조스(XTZ) | 111 |
| 스프레드 | 98 | | 토지 | 162 |
| 시리얼 넘버가 들어간 NFT | 186 | | 투명성 | 84 |
| 시장가 주문 | 100 | | 트랜잭션 | 56 |
| 신용 | 64 | | 트레이딩 카드 | 166 |
| 아바타 | 178 | | 팔레트토큰(PLT) | 111 |
| 아트 NFT | 120 | | 팬 베이스 | 167 |
| 알트코인 | 93 | | 팬 커뮤니케이션 | 36 |
| 엔진코인(ENJ) | 111 | | 팬 토큰 | 168 |
| 연구개발비 | 148 | | 퍼블릭 체인 | 52 |
| 열람 권한 기능 | 87 | | 포인트 | 138 |
| 오픈 메타버스 | 160 | | 프라이빗 체인 | 52 |
| 원가 처리 | 149 | | 프로그래머빌리티 | 41 |
| 위조 불가능한 감정서 | 183 | | 해시함수 | 58 |
| 유일성 | 32 | | 해외 거래소 | 112 |
| 이더리움 | 93 | | 후원자 | 130 |
| 이용약관 | 124 | | 희소성 | 20 |
| 잉글리시 옥션 | 115 | | | |
| 자체 토큰 | 76 | | | |

※ 용어별로 주요 내용이 소개된 부분을 대표 페이지로 표기했습니다.

## 참고 문헌

- 『NFTの教科書 ビジネス・ブロックチェーン・法律・会計まで デジタルデータが資産になる未来』
  天羽健介/増田雅史 / 朝日新聞出版
- 『だれにでもわかる NFTの解説書』
  足立明穂 / 株式会社ライブ・パブリッシング
- 『いちばんやさしいブロックチェーンの教本 人気講師が教えるビットコインを支える仕組み「いちばんやさしい教本」』
  杉井靖典 / インプレス
- 『図解即戦力 ブロックチェーンのしくみと開発がこれ1冊でしっかりわかる教科書』
  コンセンサス・ベイス株式会社 / 技術評論社
- 『RPA導入からビジネスモデル改革まで最新事例が丸わかり! DX戦略見るだけノート』
  内山悟志 / 宝島社
- 『超ど素人がはじめる仮想通貨投資』
  seiya / 翔泳社

## 참고 사이트

- あたらしい経済(https://www.neweconomy.jp)
- BUSINESS INSIDER(https://www.businessinsider.jp)
- Media Argo(https://www.fisco.co.jp/media)
- コインテレグラフジャパン(https://jp.cointelegraph.com)
- NFT-Lab(https://nft-lab.net)
- 朝日新聞DIGITAL(https://www.asahi.com)
- NFT投資ナビ(https://nftnavi.com)
- coindesk JAPAN(https://www.coindeskjapan.com)
- Coincheck(https://coincheck.com/ja)
- ejworks(https://www.ejworks.com)
- invest Navi by FISCO(https://fisco.jp/media)
- 日本銀行(https://www.boj.or.jp)
- 三井住友銀行(https://www.smbc.co.jp)
- DMM.com(https://www.dmm.com)
- サバイブ(https://www.survive-m.com)
- MONEY GROWTH(https://www.maneo.jp/media)